GUIDE PRATIQUE DU FENG SHUI

ISBN 2-88058-288-3

Terah Kathryn Collins

GUIDE PRATIQUE DU FENG SHUI

Traduction de SOPHIE MERLE

Editions Vivez Soleil

TABLE DES MATIÈRES

Mon Retour

Mon odyssée a débuté quand une amie m'a proposé de l'accompagner à une conférence donnée sur un sujet plutôt singulier nommé le Feng Shui. J'en avais déjà entendu parler, assez pour m'imaginer un assortiment de superstitions folkloriques chinoises, sans intérêt. Par conséquent, son invitation n'était vraiment pas faite pour me tenter, mais j'y allais malgré tout.

Une chance, le conférencier se trouvait être le Dr. Richard Tan, acupuncteur et expert en Feng Shui, une personnalité de grand renom à San Diego, en Californie.

Je n'étais pas encore bien installée dans mon fauteuil, quand la similitude entre le Feng Shui et ce que je m'efforçais, par instinct, de réaliser depuis des années, me frappait de plein fouet. À cet instant précis, il m'a été donné de vivre un de ces rares et précieux moments, où tout s'enchaîne à la perfection. J'avais le profond sentiment qu'une succession parfaite d'événements m'avait conduite vers cet homme, et les informations qu'il nous présentait. Plus j'écoutais le Dr. Tan, et plus mon enthousiasme s'amplifiait devant l'évidence du synchronisme dans la vie. En ce lieu, je découvrais une ancienne science orientale dédiée à la guérison des habitations, et dont l'approche était semblable à la mienne, depuis plus de dix ans, pour soigner les gens.

Pour ainsi dire suspendue aux lèvres du Dr. Tan, j'assistais à mon premier cours sur la théorie et la pratique du Feng Shui, langage qui serait désormais celui de mon avenir.

Je m'immergeais aussitôt dans l'apprentissage du Feng Shui sous la tutelle du Dr Tan ; de Louis Audet, un homme immensément savant et doté d'une profonde compréhension de la nature ; ainsi qu'avec Maître Lin Yun, une autorité en Feng Shui et fondateur du Temple Lin Yun à Berkeley, en Californie. Étudiant sous l'égide de ces différents professeurs, et lisant tous les livres qu'il m'était possible de dénicher sur le sujet, la trame éternelle du Feng Shui se dévoilait à moi. Je la voyais tissée des mêmes principes dont j'avais fait ma conduite de vie, en se conformant pleinement au fondement même de ma pratique de soins. À cet instant précis, et pour la première fois de mon existence, je me trouvais prise d'une véritable passion pour mon travail, et parfaitement en accord avec moi-même.

Adolescente, je m'interrogeais déjà sur le but de ma vie. C'est à cette époque que je me suis mise à la pratique de la méditation transcendantale, du Yoga, à l'étude des philosophies orientales, de même qu'à suivre les instructions données par le Yi-King. À la fin de mes études secondaires, j'ai décidé de partir à la découverte d'autres contrées, et de m'y installer si le cœur m'en disait. C'est ainsi que j'ai vécu en Amérique du sud, à Porto Rico, dans le sud-ouest des États-Unis, et pour finir, en Espagne.

D'innombrables coïncidences ont ponctué mes voyages. Il s'agissait, notamment, de perpétuelles rencontres avec des gens très versés en médecines douces, ce qui devait même devenir le fil conducteur de mes périples. Des chiropraticiens, des acupuncteurs, des shamans, et des guérisseurs de toutes sortes, ont croisé mon chemin pour m'enseigner, au passage, leur manière unique d'aider les gens à retrouver un sain équilibre.

Quatre ans plus tard, forte de mes aventures, je me trouvais de retour chez moi, en Virginie. Diplômée en Polarité et en Programmation neurolinguistique, j'ouvrais alors un cabinet dans lequel je dispensais ces soins particuliers. Je les enseignais également, tout en continuant à accroître mes connaissances en ce domaine. Ces instances contribuèrent à la formation d'une importante clientèle, ainsi qu'à l'ouverture, avec un associé, d'un grand centre de soins, le Polarity Therapy Center of Northern Virginia où là aussi, j'enseignais.

Le temps passait. Un jour, lors d'une méditation, j'ai soudainement réalisé que j'étais de retour en Virginie, depuis quatorze ans, et que j'avais envie de repartir. Je percevais également les importants changements qui s'annonçaient dans ma profession. C'était l'instant propice pour prendre les mesures qui me conduiraient en Californie, un endroit où j'avais toujours désiré m'installer. J'effectuais mes premiers préparatifs de départ le jour même.

Au cours des deux années qui ont suivi, j'ai soigneusement mis fin aux différents aspects qui composaient alors ma vie. J'ai formé un ancien élève qui a repris ma clientèle, confié mes responsabilités d'enseignante à mon associé, et me suis efforcée de passer le plus de temps possible avec mes amis et ma famille. Puis le jour est arrivé où j'ai refermé la porte du camion de déménagement, et me suis dirigée vers la Californie.

Après m'être installée à San Diego, le défi suivant s'est imposé à moi. Que faire maintenant ? Je ne me sentais nullement portée à ouvrir le même genre de cabinet de soins, ni à enseigner comme je l'avais fait auparavant. J'avais le sentiment que quelque chose de nouveau se préparait, et je ne me résignais pas à replonger dans les occupations de mon passé. D'autant moins qu'une idée nouvelle m'envoûtait : se pourrait-il que je puisse prodiguer la même forme de médecine, aux lieux de vie comme aux gens ? Cette notion bien ancrée à l'esprit, je pressentais que ma nouvelle orientation, tout en maintenant la santé comme objectif primordial, y incorporerait l'environnement, un sujet qui m'attirait irrésistiblement. Je remplissais des carnets entiers d'analogies, de songeries, et d'observations sur le « corps environnant ». Je me sentais en pleine gestation de moi-même tout en implorant une « libération » afin de pouvoir aller de l'avant. Quelle serait ma nouvelle profession ? Quand naîtrait-elle ?

La délivrance s'est effectuée de façon inattendue (comme c'est souvent le cas) au cours de la conférence du Dr Tan. Soudainement, en plein milieu d'une salle de classe, ma nouvelle destinée voyait le jour, le Feng Shui.

Terah Kathryn Collins
San Diego, CA 1996

▼▼▼

REMERCIEMENTS

Tout comme un enfant s'épanouit dans l'attention d'un ensemble de gens, la naissance d'un livre nécessite une étroite coopération. Il m'a été possible d'écrire celui-ci, grâce au tendre et vaillant soutien, d'un cercle de gens que j'appelle mes amis, et qui sont ma famille.

Mes sincères remerciements et mon éternelle reconnaissance vont à Alice and Whit Beatson, Arnold Patent, Pam King,

Arlene Swope, Dr Richard Tan, Louis Audet, Master Lin Yun, Sarah Rossbach, Eddie Baumruk, and Evelyn Thomas, Ron Tillinghast, Jill Kramer, Lisa Roth, Marilyn Felter, Michael Karsh, Cheryl Rice, Jackie and Richard Earnest, Mary Lou LoPreste, Shivam Kohls, Dale and Blanca Schusterman, Rosemary KimBal, Jonathan Hulsh, and Carylee Stone.

Et à Louise Hay dont l'humour m'a vigoureusement soutenue, et qui m'a montré la voie littéraire en m'encourageant, cent fois et plus, à « juste continuer à écrire ».

Et à mon mari, le père de ce livre, Brian Collins, qui m'étreint chaque jour avec amour, avec enthousiasme, et qui n'a jamais ménagé ses encouragements. Sa légèreté d'être, sa compréhension naturelle du Feng Shui, ont largement contribué à l'aisance, et à la joie qui ont participé à la naissance de ce livre.

INTRODUCTION

Ce livre s'adresse principalement aux gens de culture occidentale, en vue de les initier à l'ancienne Sagesse du Feng Shui (se prononce FONG CHOUET), afin de pouvoir aussi bénéficier de cet art chinois du placement. Il ne s'agit pas d'un traité complet sur le sujet, mais d'un ouvrage énonçant, clairement et précisément les principes du Feng Shui, appointés de solutions qui conviennent à notre style de vie.

Quand j'observe, à travers mon « œil Feng Shui », ce qui se passe autour de moi, avec cet œil qui perçoit le Ch'i, l'énergie qui pénètre et englobe tout ce qui existe dans notre monde physique, je m'aperçois combien la demande est grande.

À l'aube de ma carrière de consultante en Feng Shui, une femme, courtière en immeubles, m'a demandé de lui prêter main forte, pour ce qui était de six propriétés, restées invendues depuis plus d'un an. En les visitant, des problèmes criants m'ont immédiatement sauté aux yeux. Dans l'une, aucune porte ne parvenait à s'ouvrir complètement, rendant la circulation, entre les pièces, particulièrement difficile. Dans une autre, une chute d'escalier dévalait directement vers la porte d'entrée, tandis qu'à l'intérieur, la disposition des meubles, joint à un amoncellement d'objets divers, rendaient toute progression aisée, absolument impossible. J'ai débloqué des porches, des vestibules, bougé des meubles, remédié à des problèmes architecturaux, adoucit des angles et recommandé de nombreuses choses à faire, à défaire, à ajouter, à enlever, dans le but de débloquer et d'intensifier la qualité du Ch'i. Par mes suggestions, je souhaitais rendre ces demeures plus attrayantes aux vues d'acheteurs potentiels, mais je ne m'attendais, certes pas, à de tels résultats. La surprise fût aussi grande pour moi que pour l'agent. En moins d'une trentaine de jours, quatre propriétaires sur les six, avaient retiré leurs maisons du marché, pour la simple raison qu'ils en étaient tout bonnement retombés amoureux. Quant aux deux autres, elles se sont vendues dans le même temps. Je me souviens encore de l'expression éberluée de mon acolyte dans cette affaire, alors que nous discutions du bilan obtenu. Comme cette femme ne pouvait pas escompter rendre sa pratique lucrative grâce au Feng Shui (que se serait-il passé si les six maisons avaient été retirées du marché ?) elle n'était donc pas le moins du monde intéressée à y faire davantage appel. En revanche, elle accepterait volontiers d'offrir une consultation, en guise de cadeau de pendaison de crémaillère, à tous ses clients !

Depuis cet incident mémorable, j'ai travaillé sur des centaines de maisons et de commerces. Bien que le nom Feng Shui résonne de façon plutôt exotique et mystérieuse, pour la plupart des gens de culture occidentale, il s'agit, en réalité, d'idées et de marches à suivre pleines de bon sens, pour tous ceux qui abordent le monde de manière holistique, c'est-à-dire globale. La genèse du Feng Shui repose sur une évidence : les gens sont nettement plus heureux, jouissent d'une meilleure santé, en bref, vivent des existences fondamentalement plus enrichissantes, quand ils habitent et travaillent dans des environnements harmonieux. Comme pour notre corps, plus le corps de notre maison est sain, plus il nous permet de vivre une existence riche, créative et joyeuse. Les gens s'exclament souvent devant l'évidence des changements que je leur suggère, en se demandant comment c'est possible qu'ils n'y ait pas pensé eux-mêmes avant !

La compréhension des principes du Feng Shui ne demande qu'une toute simple modification du système de pensée ordinaire. En mettant sérieusement en pratique les principes du Feng Shui, vous serez en mesure de créer un environnement confortable et harmonieux, peu importe l'endroit où vous vous trouvez. Vous procéderez aisément à des diagnostics précis, et saurez comment soigner, efficacement, vos lieux d'habitation ou de travail, même aux vues d'espaces mal en point, et de graves problèmes architecturaux. Les réponses aux difficultés rencontrées sont simples et sensées. L'essentiel, c'est de bien vous servir de votre « œil Feng Shui » pour regarder autour de vous.

Ce livre vous explique une nouvelle façon de voir les choses, en vous introduisant aux concepts intrigants du Ch'i, du yin et du yang, et des cinq éléments. Ces derniers vous permettront d'effectuer un diagnostic précis de votre environnement, et s'il en faut, de prescrire les bons remèdes. Cet ouvrage contient aussi d'innombrables suggestions pratiques, et d'exemples, sur la meilleure façon d'arranger toutes ces choses qui font partie de votre vie, de la porte d'entrée, à votre lit, en passant par la salle de bains. Ceci pour vous aider à faire de vos lieux de vie et de travail, de puissants aimants qui attireront la chance, le bonheur et la prospérité dans votre vie. Vous apprendrez comment « intensifier » votre intérieur en vous servant de choses faciles à trouver, et agréables à vivre. Vous découvrirez l'usage du Bagua, un outil étonnant qui permet d'obtenir des résultats époustouflants, dont vous pourrez bénéficier dans votre vie privée et professionnelle. Ce livre est également parsemé d'histoires, relatant les grands changements survenus dans l'existence des gens, après qu'ils eurent introduit le Feng Shui dans leurs lieux de vie.

Utilisez votre « œil Feng Shui » pour explorer tout ce qui vous entoure, ces endroits où vous passez le plus clair de votre temps, et qui forment les qualités essentielles de votre vie. Vous remarquez qu'il s'agit d'une véritable expédition à l'intérieur de vous-même !

▼▼▼ ▼▼▼

QUAND PEUT-ON APPLIQUER LES PRINCIPES DU FENG SHUI

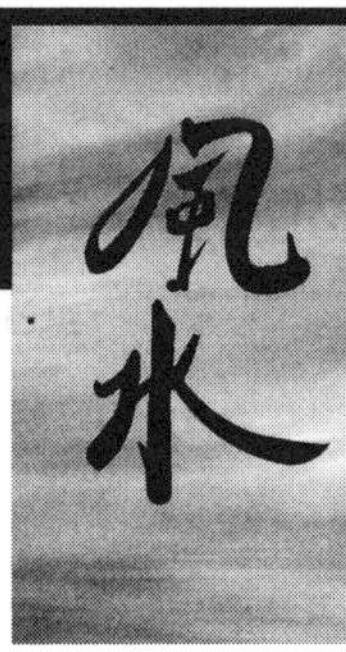

Quand peut-on appliquer les principes du Feng Shui ?

- Vous pouvez appliquer les principes du Feng Shui quand :
- Vous dessinez des plans ou faites construire une nouvelle maison ou un nouveau commerce.
- Vous recherchez une maison ou un commerce à louer ou à acheter.
- Vous redécorez ou désirez faire agrandir votre maison ou votre commerce.
- Vous désirez vendre un terrain ou un immeuble.
- Vous désirez améliorer vos revenus financiers, vos relations amoureuses et amicales, redonner un coup de fouet à votre santé, en somme, rehausser n'importe quel aspect de votre vie.
- Vous notez qu'un important changement s'est effectué, à votre désavantage, depuis que vous avez emménagé dans une nouvelle demeure, ou pris possession d'un nouveau bureau ou d'un commerce.
- Vous désirez célébrer l'endroit où vous habitez ou celui où vous travaillez.

Le Paradis, c'est là où je suis.

Voltaire

1

Le Feng Shui, L'Art Chinois Du Placement

Le mot *Feng Shui*, est un terme chinois qui veut dire « Vent et Eau ». Sa pratique date de plus de trois mille ans en Chine, et précède le Confucianisme et le Taoïsme. Les premiers à l'utiliser s'en servaient pour repérer les meilleurs sites où construire les villages et les maisons. Ils avaient remarqué combien la vie des gens se trouvait enrichie, dès lors qu'ils vivaient dans un endroit où l'énergie vitale, autrement dit le Ch'i, circulait harmonieusement.

Ceux qui possédaient la charge d'estimer la qualité d'un emplacement, se fiaient à la justesse de leurs facultés sensorielles, à leur intuition, ainsi qu'aux connaissances acquises, toujours secrètement transmises de maîtres à disciples. Ils interprétaient le langage émis par une montagne, une vallée, une prairie, et le transmettaient aux villageois locaux qui, ainsi, parvenaient à le comprendre et à en bénéficier. Ils indiquaient comment placer les habitations, au-dessus des plaines fluviales pour éviter les inondations en temps de crue, à l'abri des vents violents, et enfin, bien en sécurité dans l'embrassement d'une terre favorisée par le Ch'i.

Souvent appelée « le ventre du Dragon », la configuration classique idéale d'un terrain, se devait d'avoir la forme d'un fauteuil. La parfaite assise pour une maison se trouvait sur terrain plat, enlacée et protégée, à l'arrière et sur chacun des côtés, par des montagnes, des collines, ou une forêt. En somme, ces caractéristiques rappelant le dos et les accoudoirs d'un fauteuil. Pour compléter l'emplacement suprême d'une maison, l'avant du terrain se devait de descendre, en pente douce, jusqu'à une rivière, un lac, un ruisseau, ou un étang.

Ces maîtres vénérés, prêtaient aussi très attention aux impressions qu'ils recevaient de la terre, à leur intuition quant à la qualité du Ch'i baignant un site. Ils écoutaient attentivement tous les sons, goûtaient la terre, partaient en reconnaissance dans les environs, observaient les contours de la région, recherchaient les coins modelés par le vent et l'eau, et guettaient les augures. Chaque condition, chaque élément physique, leur communiquait la qualité du Ch'i irriguant les lieux. Les os d'animaux, les arbres morts, les silhouettes montagneuses tranchantes ou les roches rongées d'eau, laissaient présumer des existences difficiles, tandis qu'une végétation luxuriante, un cours d'eau sinueux, un gibier folâtrant gaiement, annonçaient des vies saines, heureuses et prospères à tous ceux qui vivraient là.

Dès qu'un endroit favorable était localisé, le maître guidait la phase de construction dans son ensemble, choisissant même les matériaux à employer, pour qu'en aucun cas, la qualité du Ch'i ne puisse se détériorer. Tel un joyau, l'habitation était enchâssée dans une monture parfaite.

Le Feng Shui à l'occidentale

De nos jours, la pratique du Feng Shui requiert de concilier la sagesse ancestrale de ses traditions, à une perception aiguë des besoins du monde dans lequel nous vivons aujourd'hui. Nos demeures n'ont plus rien de commun avec celles que l'on construisait dans ces temps reculés. De nombreuses structures sont maintenant placées, à des endroits qu'aucun ancien praticien n'aurait choisi. Souvent, la forme même de ces structures, et les détails qui l'enjolivent, vont à l'encontre de toute règle classique.

À l'heure actuelle, il est bien rare que nous disposions d'un terrain parfait, où selon nos besoins, nous pouvons graduellement développer nos habitations. Il s'agit bien d'un tout nouveau défi, puisque la plupart du temps, nous devons nous contenter de ce qui existe déjà. Nous n'avons, pour ainsi dire jamais, la possibilité de contrôler, à la fois, l'emplacement, la direction, la configuration des bâtiments environnants, et les chemins qui mènent chez nous. Cela dit, nous n'avons peut-être plus les mêmes atouts dans la manche, mais la partie est loin d'être perdue. Maintenant, tout comme dans ces temps reculés, nous sommes toujours en mesure d'améliorer pleinement la qualité du Ch'i circulant dans nos lieux de vie, pour en faire des havres de paix et d'harmonie. Peu importe que nos quartiers privés, voire notre commerce, soit positionné face au nord, au sud, à l'est ou à l'ouest, situé en pleine ville ou à la campagne, car c'est toujours la qualité du Ch'i qui prime avant tout le reste. Tels deux humains ne se ressemblant jamais parfaitement, il n'y a pas deux bâtiments qui soient parfaitement identiques, puisqu'ils diffèrent, tant soit peu, par leurs formes ou leurs fonctions. Par conséquent, l'unique gageure du Feng Shui, c'est de parvenir à faire cheminer le Ch'i dans nos lieux de vie, de façon toujours harmonieuse, puisque c'est le moyen d'obtenir la santé, la prospérité et le bonheur.

Le Feng Shui offre tous les outils nécessaires pour réussir dans cette entreprise, de plus, ils sont faciles d'emploi. L'important, c'est de bien apprendre à regarder à travers votre « œil Feng Shui » pour savoir exactement quoi modifier chez vous.

Le Feng Shui, ici et maintenant

Peu importe l'endroit où je me trouve car, par expérience, je sais qu'il m'est possible d'appliquer les principes du Feng Shui. Un appartement en location, un bureau temporaire, une chambre d'hôtel, une pièce de conférence, partout, je fais profiter mes lieux de passage, même les plus brefs, d'une bonne dose de Feng Shui, améliorant ainsi grandement la qualité du Ch'i environnant (voir le chapitre « le Feng Shui en voyage » page).

La plupart du temps, les gens s'empressent d'appliquer les principes du Feng Shui, dès qu'ils sont propriétaires de leur logis, mais ne se résignent pas à faire le nécessaire quand ils louent pour un an ou deux. Ceci revient à dire « Je vais attendre un an ou deux avant de m'occuper de moi ». Résider ou travailler dans un endroit dénué de Ch'i, épuise vite nos ressources physiques et mentales, même s'il s'agit d'endroits où nous ne séjournons que pour une courte durée. À l'inverse, un lieu bien pourvu en Ch'i, nous couvrira de bienfaits et d'opportunités heureuses de toutes sortes, même quand nous y passons peu de temps. Un sage conseil, mettez tout en œuvre pour créer votre propre paradis, en cet instant, et là où vous vivez MAINTENANT. Le Ch'i qui circule dans ces espaces, joue un rôle fondamental sur la qualité de votre vie, sur votre santé, votre prospérité, et votre bonheur. Commencez donc à appliquer les principes du Feng Shui, là où vous êtes en ce moment, puisque c'est le meilleur moyen de donner un coup de fouet à la chance, et de voir se manifester vos désirs, vos espérances et vos rêves.

▼▼▼ ▼▼▼

D'être né agréable à regarder n'est pas aussi important que de naître doté d'une destinée favorable ; d'être né doté d'une destinée favorable n'est pas aussi important que d'avoir un cœur généreux ; d'avoir un cœur généreux n'est pas aussi important que d'être bien pourvu en Ch'i.

Dicton chinois

2

Comment Évoluer dans un Océan de Ch'i

Il y a trois principes de base sur lesquels sont fondés le Feng Shui. Ces principes définissent le Ch'i, l'énergie vitale qui anime, relie, et fait évoluer toute chose à travers les cycles de la vie.

Tout est vivant

TOUT ce qui existe dans notre monde physique est doté de Ch'i, autrement dit, d'énergie vitale. Ceci, bien évidement, inclut toutes nos possessions matérielles, ces objets que nous considérons comme inanimés, nos voitures, nos ordinateurs, nos meubles, de même que les pierres, les plantes, la terre, et les bâtiments. N'importe quoi, dit physique, est « vivant » et pourvu d'une qualité de Ch'i qui lui est unique, et qui de plus, s'allie au Ch'i que nous lui prêtons par nos réactions, par l'usage que nous en faisons, ou par les souvenirs qui nous y rattachent. Quand nous sommes en harmonie avec ce qui nous entoure, quand nous sommes confortablement installés, que nous nous sentons protégés, nul ne niera qu'il ressent un profond bien-être. Au moment où nous voyons tout ce qui nous entoure, comme étant animé de « vie », nous réalisons alors la nécessité de ne vivre qu'entouré de choses qui nous plaisent vraiment.

Le Feng Shui conçoit les bâtiments comme des entités vivantes, dont le « corps » sert essentiellement à protéger et à enrichir la vie des gens qui y évoluent. Les endroits qui ne sont pas conformes à ce dessein fondamental sont corrigés, afin d'assurer sécurité, confort, et bien-être. Nos lieux de vie servent leur entreprise quand nous nous y sentons bien, et qu'en supplément, ils enrichissent tous les aspects de notre vie.

Le dicton « Le rebut des uns est souvent le trésor des autres » exprime bien « la vie » que nous prêtons à nos possessions. Par les souvenirs qu'il nous évoque, l'objet le plus banal, peut se trouver nanti d'un Ch'i bienfaisant, qui nous nourrit chaque fois que nous y prêtons attention. Une pomme de pins ramassée lors d'une promenade romantique, la tasse dans laquelle nous buvions le délicieux chocolat chaud que nous servait notre grand-mère, une photo fanée, de nous à six ans, en compagnie de notre meilleure amie, sont des exemples d'objets imprégnés d'une vie spéciale, due aux émotions qui nous y rattachent.

Les choses qui vous rappellent de mauvais souvenirs ou que vous n'aimez pas, ne sont pas nantis d'un Ch'i enrichissant. Le meilleur moyen de transformer « la vie » de ces objets, c'est de vous en séparer. Vendez-les, donnez-les, ou jetez-les ! Remettez-les en circulation pour qu'ils puissent séduire à nouveau, pour que le Ch'i trouve ainsi l'opportunité d'être recyclé. Allégez-vous de tout le superflu en décidant de ne plus vivre qu'entouré de choses utiles, ou qui vous plaisent vraiment.

Tout est relié au tout

Le Ch'i relie absolument tout ce qui existe physiquement. Nous vivons dans un lacis de vie, étroitement apparenté, et où tout se trouve en constante et étroite union avec tout le reste. Un petit caillou jeté dans une pièce d'eau, et c'est sa masse entière qui s'en trouve affectée. Ceci pour démontrer l'importance de notre voisinage, dont le Ch'i nous parvient relativement peu dilué.

Cette communication permanente entre tout ce qui existe, produit les mêmes effets passé le seuil de nos demeures, où le manque de soins, des placards rangés pêle-mêle, cultiveront un Ch'i chaotique qui s'étendra dans toute la maison. À l'inverse, une entrée accueillante, des pièces joliment arrangées, produiront un Ch'i vigoureux. La qualité du Ch'i qui circule chez nous joue véritablement un rôle primordial sur tous les domaines de notre vie. Pour citer un autre exemple, prenons quelqu'un qui perdrait continuellement du temps à chercher des choses égarées dans le désordre, convenez que cette personne aura sans doute du mal à être ponctuelle. De là, il se pourrait fort bien qu'elle voit s'évanouir ses chances d'avancement au travail. Par ce manque à gagner, de graves difficultés matrimoniales pourraient venir se greffer au stress financier. Les petites choses qui nous paraissent insignifiantes, comme une chaise inconfortable, une lumière aveuglante, un meuble mal placé, peuvent avoir un impact majeur sur la vitalité de notre Ch'i, surtout quand nous y sommes confrontés quotidiennement. Pour le meilleur comme pour le pire, le Ch'i nous relie à tout ce qui nous entoure, et de ce fait, tout à de l'importance dans la pratique du Feng Shui.

Tout change

Le Ch'i qui anime toute chose se transforme sans cesse. Le développement et le mouvement produisent le changement, et sont les signes dynamiques qui signalent un Ch'i vital bien vigoureux. Dans notre univers, seul le changement ne change jamais.

Tout est en constant mouvement, les saisons, l'endroit où nous vivons, notre corps, notre état d'esprit. Qui plus est, les changements qui surviennent dans notre environnement, reflètent les changements qui se produisent dans nos vies.

J'ai souvent remarqué que les gens de retour de vacances, d'un séminaire, ou sur le point de déménager, avaient soudainement envie de se débarrasser d'un tas de choses, ou d'effectuer d'importantes modifications dans leurs lieux de vie. Ce changement de routine leur permet de jeter un regard neuf qui leur désigne tout ce qui n'est plus utile. Un meuble fatigué, une étagère branlante, une plante qui a trop poussé, ou un objet associé à une période de déprime, les incitent à effectuer d'importantes rectifications. Ces corrections transforment la qualité du Ch'i qui circulent chez eux, et de plus, l'ancrent solidement, renforçant ainsi les heureuses dispositions produites par leur nouvel état d'esprit.

À l'inverse, un environnement qui n'aura pas été modifié, rendra de nouvelles résolutions, bien plus difficiles à conserver, car celui-ci agit comme un gigantesque aimant, ou un solide ancrage, si l'on préfère, qui nous maintient bien en place, et d'une façon qui n'est pas simplement physique. À titre d'exemple, prenons l'histoire de quelqu'un qui aurait passé une semaine au loin, disons à apprendre une façon plus saine de cuisiner. À son retour, cette personne réalise que ses anciens ustensiles de cuisine ne conviennent pas à sa nouvelle manière de concocter les plats. Si elle ne pourvoit pas aux achats nécessaires, il y a fort à parier qu'elle ne parviendra pas à changer ses habitudes culinaires. Par contre, si elle se procure ce dont elle à besoin, elle n'aura aucun mal à persévérer sur sa lancée.

Un proverbe chinois dit « si vous voulez du changement dans votre vie, changez 27 choses de place chez vous ». Ceci sert à ancrer de nouvelles habitudes de vie dans notre environnement, ou à provoquer les modifications que nous désirons. Le changement faisant partie intégrale de la vie, nous pouvons ainsi l'utiliser à notre avantage.

Il y a des tas de gens qui choisissent leur mobilier pour la vie. Ils placent leurs meubles une bonne fois pour toutes, accrochent quelques tableaux pour aller avec, et les voilà parés pour le restant de leurs jours. À l'encontre de cette manière de procéder, et puisque tout finit toujours par changer, le Feng Shui insiste plutôt sur l'évolution et le changement dans nos espaces de vie.

Symbole chinois du Ch'i

Le Feng Shui conçoit nos lieux de vie comme étant des entités bien vivantes, avec lesquelles nous sommes harmonieusement liés ou en désaccord. Dès lors que nous célébrons cette vitalité dans nos demeures, en réalisant qu'elle met en scène ce qui se joue dans notre existence, et procédons aux changements nécessaires au maintien de la grâce et de la vigueur de ces lieux, nous composons des endroits délicieusement agréables à vivre qui nous protègent, et nous soutiennent dans notre évolution personnelle, dans notre avancée dans la vie.

▼▼▼ ▼▼▼

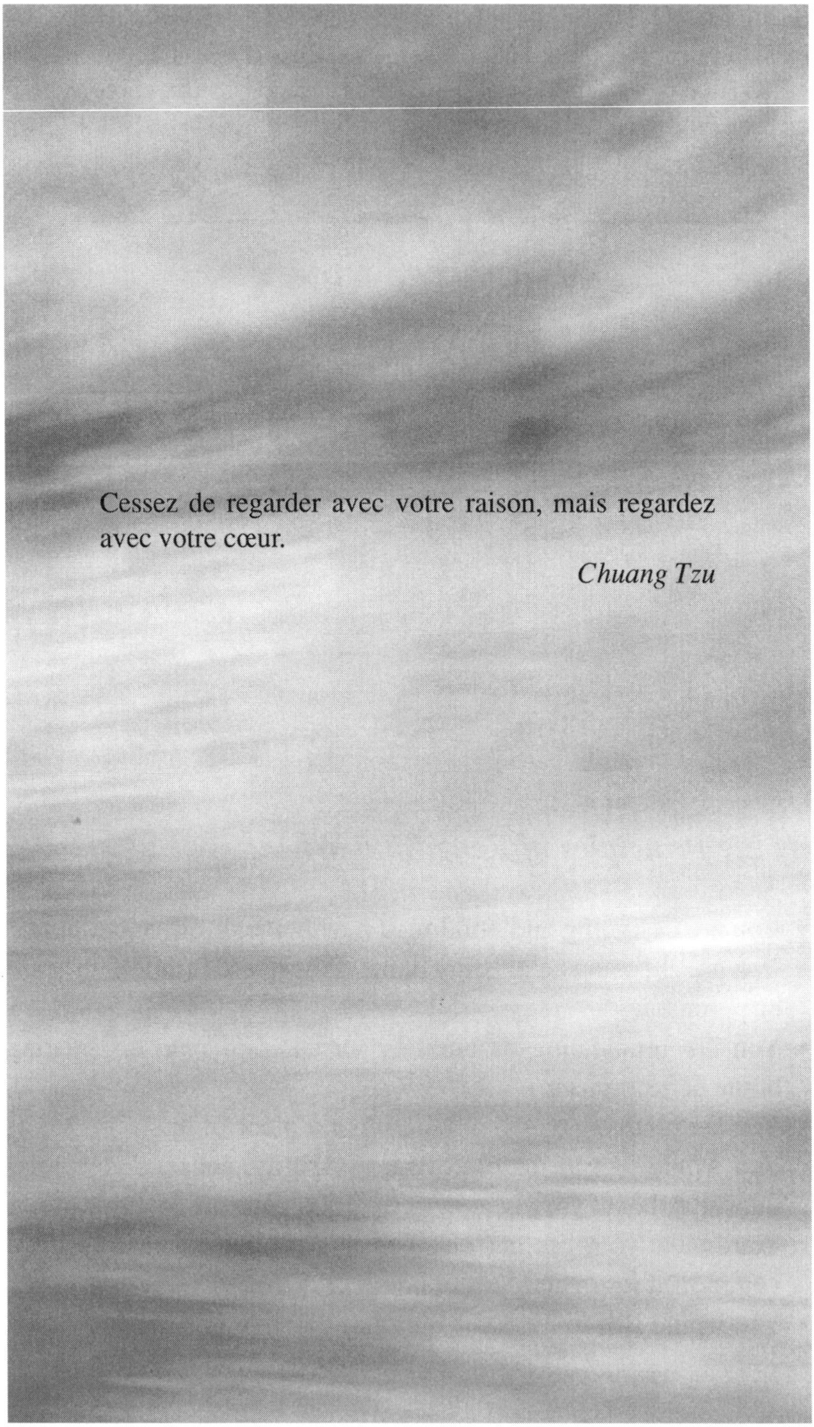

Cessez de regarder avec votre raison, mais regardez avec votre cœur.

Chuang Tzu

3

Ouvrez votre « Œil Feng Shui »

Dans cet « océan de Ch'i », vivant, dynamique, continuellement changeant, et dans lequel nous baignons tous, nous avons la possibilité de choisir nos conditions d'immersion. Naturellement, notre préférence devrait nous porter vers une qualité de Ch'i qui soutienne notre évolution tout en enrichissant notre existence. Par exemple, imaginez-vous prenant un repas dans un endroit surpeuplé, sans fenêtre, au décor sinistre, vous êtes assis sur une chaise dure, et la table est recouverte d'une nappe souillée. Maintenant, imaginez le même repas pris dans une pièce spacieuse, avec une jolie vue, et où règne une chaude ambiance. Le siège est confortable, la table est joliment décorée d'un vase aux fleurs multicolores, et les bougies sont allumées. Dans quelle pièce se trouve le Ch'i dans lequel vous aurez envie de vous immerger ?

La plupart des gens se sentent irrésistiblement attirés par le Ch'i inhérent à la beauté, au confort et qui donne une profonde sensation de protection. Cependant, nous sommes souvent obligés de nous contenter de travailler ou de vivre dans des environnements inesthétiques, inconfortables et parfois même dangereux. Je pense que nous résistons patiemment dans de telles conditions, car nous ne réalisons pas à quel point notre environnement peut affecter négativement notre vie. Nous imaginons qu'elle est compartimentée, divisée en parties bien distinctes qui ne sont pas reliées entre elles.

En Feng Shui, chaque chose, chaque condition fait partie d'un tout. Rien n'est traité séparément. Tout est vivant, relié au tout, et change tout le temps. Votre intuition vous dira que dans un endroit bas de plafond, baigné d'une lumière blafarde, où vous vous trouvez coincé à un bureau qui fait face à un mur, vous n'êtes pas en mesure d'exprimer le meilleur de vous-même. Qui plus est, de mauvaises circonstances de travail auront des retombées perfides sur tous les autres aspects de notre vie.

Que faire dans ce cas ? Le Feng Shui vous conseille de tout mettre en œuvre pour transformer cette pièce de travail. De vous installer confortablement à un bureau spacieux, bien éclairé, tout en faisant face à la porte.

Le Ch'i s'exprime d'innombrables façons dans tout ce qui nous entoure. Observez la qualité bien caractéristique du Ch'i qui circule dans votre environnement. Vous apprendrez ainsi à « lire le Ch'i », une technique qui s'acquiert avec la pratique des principes du Feng Shui.

Le Yin et le Yang

Le Ch'i qui enrichit nos vies, celui que le Feng Shui cherche à faire fructifier, tente toujours de maintenir l'équilibre entre deux extrêmes, nommé le yin et le yang par les anciens (voir la liste en page 11) et qu'ils ont attribués à tous aspects possibles et imaginables existant dans notre univers. Le yin se trouve ainsi rattaché à ce qui est féminin, doux, humide, sombre, froid, à la terre, à la lune, tandis que le yang est associé au masculin, au dur, au sec, au chaud, au ciel et au soleil, et ainsi de suite. La plupart des gens se sentent à l'aise quand ils se trouvent « au bon milieu », c'est-à-dire, dans un espace qui offre un parfait mélange entre le Yin et le Yang.

Vu sous l'œil du Feng Shui, quand l'architecture d'un bâtiment exprime, l'un ou l'autre, de ces deux extrêmes, le résultat s'avère souvent cauchemardesque. Les angles droits, les proportions exagérées peuvent être considérés comme de purs chefs-d'œuvre artistiques, mais créent rarement des endroits agréables à vivre. Qu'il s'agisse du yin ou du yang, plus la conception d'un bâtiment l'emporte vers l'un de ces extrêmes, moins les gens s'y sentent bien. Par exemple, une pièce extrêmement yin ressemble à une cave sombre. Basse de plafond, la lumière y est parcimonieusement dispensée, et l'ameublement est de couleur très foncée. Quant à une pièce extrêmement Yang, elle est grande, haute de plafond, avec de larges fenêtres qui la baignent de lumière, les meubles sont angulaires et il y en a peu. Pour rendre son équilibre à une pièce trop yin, il faut y ajouter des composants yang, tels qu'une lumière plus vive, et des couleurs claires. Pour stabiliser une pièce très yang, il faut y ajouter des éléments yin qui l'adouciront, tels que des draperies autour des fenêtres, des couleurs riches et foncées, sans oublier d'arrondir les angles. Lorsque les qualités du yin et du yang se trouvent bien combinées, une zone de confort humain émerge. Vous remarquerez que dès que l'occasion se présente, vous cherchez instinctivement à vous placer là où les choses sont « juste bien ».

Il se peut aussi que vous vous plaisiez dans une immense pièce blanche quasiment vide, ou dans un bureau inondé de soleil, ou que nous adoriez votre petite chambre, si joliment encombrée, que dit le Feng Shui dans ce cas ? Simplement que vos goûts vous portent naturellement vers l'un de ces deux extrêmes, et qu'il n'y a pas à s'en faire, puisqu'il s'agit de l'expression de votre propre Ch'i. En contrepartie, ce qui est essentiel, c'est que vous honoriez votre style et vos préférences dans la composition de votre Éden personnel. Peu importe l'atmosphère que vous aurez créée, du moment qu'il s'agit d'une joyeuse expression de vous-même, et que vous vivez uniquement entourés des choses que vous aimez.

Exercice

Prenez un moment pour observer comment le Ch'i s'exprime dans la pièce où vous vous trouvez. Vous y sentez-vous absolument à l'aise ? Les choses vous plaisent-elles ? En vous servant de la liste des qualités yin/yang (page 11) essayez de trouvez les éléments yin et yang qui composent cette pièce. Déterminez si l'un des deux domine l'ensemble, ou si le mélange est plutôt harmonieux. Cette façon de voir ce qui vous entoure, à travers votre « œil Feng Shui », vous permettra de percevoir clairement tout ce qui va à l'encontre d'une zone de parfait confort.

LISTE FENG SHUI DES ASSOCIATIONS YIN ET YANG

阴 **YIN**	阳 **YANG**
Féminin	Masculin
Frais/froid	Chaud/brûlant
Foncé	Clair
Arrière	Avant
Moelleux	Dur
Courbé	Droit
Arrondi	Angulaire
La terre	Le ciel
La lune	Le soleil
Bas	Haut
Petit	Grand
Orné	Simple
Large	Étroit
Horizontal	Vertical
Floral	Géométrique

Les cinq éléments dans le Feng Shui

Maintenant qu'à travers votre « œil Feng Shui », vous avez appris à reconnaître les multiples expressions du yin et du yang, explorons les cinq éléments, tels qu'ils apparaissent dans l'environnement. Ce sont le Bois, le Feu, la Terre, le Métal, et l'Eau. Ces cinq éléments participent à la composition de tout ce qui existe physiquement sur terre. Nés des effets combinés de la polarité entre le yin et le yang, ils s'imbriquent à l'infini, pour se manifester d'innombrables façons. L'essence même du corps humain étant faite d'un mélange de ces cinq éléments, nous ressentons une plus grande quiétude quand nous occupons des lieux qui les reflètent tous. Il y a trois qualités essentielles qui reflètent le bon emploi des cinq éléments :

1) Savoir définir les éléments dans un environnement.
2) Estimer les corrections à faire.
3) Établir l'équilibre entre les éléments.

Dès qu'elles sont maîtrisées, ces trois facultés permettent de découvrir les modifications à apporter à un lieu de vie, pour y rétablir un équilibre parfait entre les éléments. C'est l'un des outils les plus efficaces du Feng Shui. Avant d'en connaître l'utilisation, je parvenais à distinguer les endroits discordants, mais sans en saisir la cause, ni savoir comment y remédier.

Chaque élément possède une variété d'associations (couleurs, formes et qualités) qui composent un langage particulier qui nous permet de les diriger à notre guise, et ce, d'autant plus facilement qu'ils se combinent à l'infini. (voir « combinaisons des éléments » en page 21)

Le moyen le plus facile d'apprendre ce langage, c'est de définir son propre environnement, en termes des cinq éléments. Tout d'abord, ce nouveau jargon vous semblera vraisemblablement incompréhensible, cependant, persévérez, car bientôt vous le parlerez couramment, ce qui vous permettra de l'utiliser, où que vous soyez, pour décrire la danse des éléments.

Exercice

Commencez par la pièce dans laquelle vous vous trouvez. En vous servant du questionnaire sur les cinq éléments qui se trouve à la page suivante, ainsi que des listes d'attributions spécifiques données à chaque élément (voir pages 20 et 21), recherchez :

1) **Les éléments dans leur formes primitives :** le Bois, le Feu, la Terre, le Métal, et l'Eau.

2) **Les choses fabriquées à partir des éléments,** comme par exemple un meuble en pin, qui représente l'élément Bois.

3) **Les choses qui évoquent les éléments,** comme par exemple un objet rond, qui symbolise l'élément Métal, ou un miroir auquel est attribué l'élément Eau.

4) **Les objets décoratifs représentant les éléments,** comme par exemple une peinture florale, qui exprime l'élément Bois, ou un animal sculpté, symbolisant l'élément Feu.

5) **Les choses associées aux couleurs et aux formes des éléments,** telle qu'une chaise rouge, qui signifie l'élément Feu, ou une table carrée qui symbolise l'élément Terre.

LES CINQ ÉLÉMENTS
Questionnaire

Date :

Pièce :

 Terre

 Métal

 Eau

 Bois

 Feu

Mariage des éléments :

Suggestions :

L'ÉLÉMENT BOIS se trouve dans :

- Les meubles et les accessoires en bois.
- Les panneaux, les plinthes, certains toits et terrasses.
- Toutes les fleurs, les plantes d'intérieur ou d'extérieur, qui peuvent même être en soie, en plastique ou séchées.
- Tous les types de textiles à base de plantes, comme le coton et la rayonne.
- Les imprimés floraux (pour canapés, rideaux, murs, draps de lit, etc.)
- Les objets décoratifs, les tableaux, où figurent des paysages, des jardins, des plantes, des fleurs.
- Les objets en forme de tronc d'arbre, colonnes, piédestaux, poutres, poteaux, et les imprimés à bandes verticales.
- Tous les tons de vert ou de bleu.

L'ÉLÉMENT FEU se trouve dans :

- Tout ce qui pourvoit à la lumière et à la chaleur, électrique, à l'huile, au gaz, les bougies, le soleil, et les cheminées (voir « éclairage » à la page ?)
- Les choses faites à partir d'animaux, en fourrure, en peau, en os, en plumes, et en laine.
- Les animaux domestiques et sauvages.
- Les objets décoratifs où figurent des humains, des animaux, le soleil, la lumière ou le feu.
- Les objets en forme de triangle, de pyramide, de cône.
- Tous les tons de rouge.

L'ÉLÉMENT TERRE se trouve dans :

- La brique, les carreaux en terre cuite, les maisons (ou murs) en torchis.
- Les objets en terre, en céramique.
- Les tableaux (etc.) où figurent des paysages terriens (champs, contrées désertiques, etc.)
- Les objets carrés, rectangulaires et les surfaces longues et planes.
- Tous les tons de jaunes et les couleurs de terre.

L'ÉLÉMENT MÉTAL se trouve dans :

- Tous les types de métaux, y compris l'acier inoxydable, le cuivre, l'étain, le fer, l'aluminium, l'or et l'argent, etc.
- Les pierres, les roches, y compris le marbre, le granite, etc.
- Le cristal de roche, les pierres précieuses et semi-précieuses.
- Les objets décoratifs en métal ou en pierre.
- Tout ce qui est en forme de cercle, rond, ovale, en arche.
- Le blanc et tous les tons pastel.

L'ÉLÉMENT EAU se trouve dans :

- Les pièces d'eaux, les rivières, les fontaines, et tous les objets associés à l'eau (voir la liste page).
- Toutes les surfaces qui offrent un reflet (glace, verre, cristal, etc.).
- Les formes asymétriques, libres, courbes.
- Le noir et tous les tons très foncés, comme le bleu marine ou le gris anthracite.

Le mariage entre les éléments

Il est intéressant d'observer le mariage des éléments dans les objets qui nous entourent. Un aquarium, objet classique utilisé en Feng Shui pour intensifier le Ch'i, est l'exemple parfait d'une alliance réussie entre tous les éléments. L'eau ainsi que le récipient en verre qui la contient, représentent l'élément Eau, les plantes expriment l'élément Bois, les poissons symbolisent l'élément Feu, le sable est attribué à l'élément Terre, et les roches décoratives, à l'élément Métal. Essayez de vous souvenir d'un endroit où vous êtes allé et qui vous semblait tout particulièrement beau. Vous noterez qu'il contient un parfait mélange des cinq éléments, qu'il s'agisse d'une île, d'un coin en montagne ou d'une forêt.

À la maison comme sur les lieux de votre travail, vous pouvez créer une grande variété d'arrangements qui associent les cinq éléments. Pensez à toutes les combinaisons que vous pouvez faire en utilisant les objets, les couleurs, et les formes associées à chaque élément. Par exemple, vous pouvez placer une plante (Bois) dans un pot en terre rouge (Terre et Feu) devant une glace (Eau), et pour que votre composition soit complète, y ajouter une pierre polie ou une statuette en bronze (Métal).

L'Expression des Éléments

En se combinant à l'infini, les cinq éléments participent à la création de tout ce qui existe dans notre univers physique. Pour ce qui est de former l'équilibre des éléments dans notre environnement, la technique la plus simple consiste à prendre note de ceux qui manquent, que ce soit sur une table, dans une pièce, dans une maison, ou à l'extérieur, et de compléter la série par des choses plaisantes. Comme vous le savez, l'objet le plus simple peut être un composite de plusieurs éléments. Prenons ma table de travail comme exemple. En analysant la composition de ses éléments, je m'aperçois que c'est un mélange qui comprend trois éléments. Elle est rectangulaire (Terre), sa couleur est noire (Eau) ornée de fleurs peintes (Bois). Pour compléter l'ensemble, j'y ai ajouté un sous-verre blanc (Métal) ainsi qu'une lampe (Feu). Cet arrangement, en introduisant les cinq éléments, stimule le Ch'i et le fait circuler dans toute la pièce.

Ne vous découragez pas, accordez-vous le temps nécessaire pour apprendre à équilibrer les cinq éléments. Cela ne s'effectue pas en cinq minutes, car il s'agit bien d'une toute nouvelle manière de voir les choses.

Exercice

Choisissez une pièce de votre mobilier, une table, un bureau, une commode, en y incluant ce qui se trouve dessus, et décortiquez-en l'ensemble, selon ses éléments. Notez s'ils manquent des éléments, et comment les introduire. Lorsque votre composition est achevée, observez les changements dans le comportement du Ch'i. À présent, définissez la pièce qui vous entoure, en terme de ces éléments. Notez quel est l'élément dominant, et celui ou ceux qui manquent, et de quelle façon vous pensez les introduire.

Les cycles de développement et de contrôle des éléments

Dans le cycle de développement des cinq éléments (voir la charte page 24) chaque élément pourvoit au développement harmonieux du suivant, tout en le fortifiant :

- L'Eau nourrit le Bois
- Le Bois nourrit le Feu
- Le Feu nourrit la Terre
- La Terre nourrit le Métal
- Le Métal nourrit l'Eau.

Le cycle de développement permet d'observer comment les éléments s'alimentent et se fortifient entre eux, dans un cycle sans fin de régénération mutuelle. Un équilibre naturel s'instaure quand les cinq éléments sont présents dans un environnement.

Le cycle de contrôle montre comment les éléments se dominent et se contrôlent entre eux :

- Le Bois consume la Terre
- La Terre retient l'Eau
- L'Eau éteint le Feu
- Le Feu fond le Métal
- Le Métal coupe le Bois

Le cycle de contrôle des éléments n'a pas une influence négative, loin s'en faut. C'est parfois même le meilleur moyen de créer un endroit harmonieux, en terme de ses éléments.

LES CINQ ÉLÉMENTS

leurs relations de développement et de contrôle

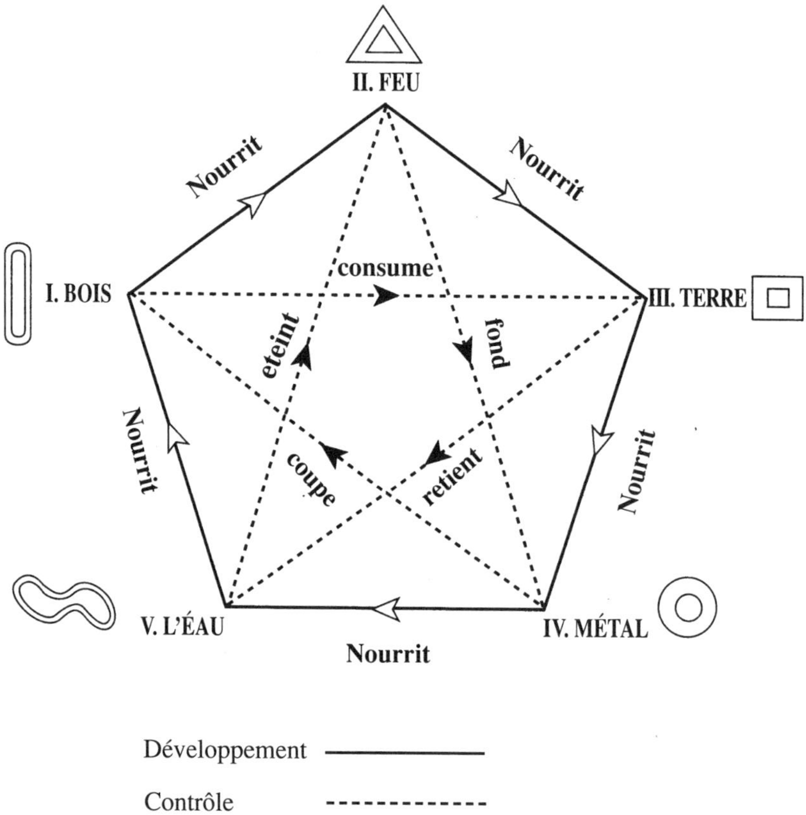

Imaginez une balade en plein désert, rien que du sable à perte de vue. Soudain à l'horizon, quelques palmiers qui s'élancent vers le ciel. Voici le Bois (les palmiers) qui « consument » la Terre (le désert). A présent, vous pénétrez dans une forêt profonde, des arbres et des plantes à n'en plus finir, puis au détour d'un chemin, de grosses pierres moussues s'exposent parmi les arbres. Voici le Métal (les pierres) qui « coupent » le Bois (les arbres). À présent, vous naviguez sur une eau bleue qui s'étend à l'infini, ou presque, car au loin, une île apparaît soudain. Voici la Terre (l'île) qui « retient » l'Eau (l'océan). La nature nous pourvoit en superbes exemples, qui montrent bien le rôle important du cycle de contrôle, dans la création des plus beaux endroits au monde.

L'utilisation des deux cycles est nécessaire quand on cherche à rétablir l'équilibre du Ch'i dans un environnement. Lorsqu'un élément domine, c'est dans le cycle de contrôle que l'on trouve l'élément qui rétablit l'équilibre. Ce n'est qu'après avoir maîtrisé l'élément dominant que l'on fait appel au cycle de développement, afin de peaufiner l'ensemble des éléments.

Dans ma pratique du Feng Shui, j'ai eu l'occasion de travailler sur d'innombrables maisons dominées par l'élément Bois, y compris la mienne, et que je prendrai comme exemple. Ma maison est recouverte de lattes de bois, à l'avant se trouve une terrasse construite en bois, et tout autour, il y a un jardin avec de grands arbres. À l'intérieur, les murs sont recouverts d'un papier peint à fleurs, les structures murales de rangement sont en bois, les plinthes aussi, bref, il y a du bois partout !

Lorsque nous avons pris possession des lieux, je savais que nous n'aurions pas besoin de plantes dans la maison, ni de faire poser un parquet de chêne, deux aspects décoratifs associés à l'élément Bois. Par contre, il s'avérait impératif d'incorporer une forte dose de Métal, l'élément de contrôle du Bois, pour rétablir l'équilibre. Nous avons fait mettre une moquette de couleur crème, choisi des sofas beige clair et de forme arrondie, acheté des draps et un dessus de lit de ton pastel pour la chambre à coucher, toutes choses associées au domaine du Métal. Nous possédions déjà une collection de lampes en bronze, ainsi qu'une autre de roches naturelles, objets associés au Métal, et que nous avons disséminés un peu partout dans la maison. J'ai également fait remplacer les grands carreaux de la table à café qui était décorés de fleurs, par du marbre blanc, introduisant le Métal, à la fois dans sa forme primitive et par sa couleur. Afin de stimuler plus avant la présence du Métal, j'ai fait en sorte d'introduire suffisamment de Terre, puisque dans le cycle de développement, c'est l'élément qui nourrit le Métal. Pour cela, j'ai placé une grosse bougie jaune sur la table à café. Cet accent à également fait participer le Feu. Comme le Bois nourrit le Feu, symboliquement, cette bougie sert aussi à « brûler » l'excédent de Bois qui se trouve dans la maison.

La cheminée d'origine qui est en brique, représente également ces deux éléments, le Feu et la Terre. En été, quand nous ne l'utilisons pas, je la transforme en une sorte de jardin de rocailles. Je me sers de sable (Terre) et de plusieurs morceaux de roches arrondies de couleur claire (Métal). Mis à part le grand miroir (Eau) qui se trouve au dessus de la cheminée et que j'ai conservé, j'ai réduit cet élément au minimum, puisque dans le cycle de développement, c'est l'élément Eau qui nourrit le Bois. Vue la quantité de bois existante, j'aurais commis une erreur en décorant avec des couleurs foncées, due à leur association avec l'élément Eau.

Lorsque vous utiliserez le cycle de contrôle des éléments, gardez ce qui suit en mémoire :

- Si le Bois est dominant, il faut tout d'abord le contrôler avec le Métal, puis poser l'accent en incorporant la Terre et le Feu, et n'utiliser qu'une infime quantité de l'élément Eau.
- Si le Feu est dominant, il faut tout d'abord le contrôler avec l'élément Eau, puis poser l'accent en incorporant le Métal et la Terre et n'utiliser que très peu de Bois.
- Si c'est la Terre qui domine, il faut tout d'abord la contrôler avec le Bois, puis poser l'accent en incorporant le Métal et l'Eau, et n'utiliser que très peu de Feu.
- Si le Métal est dominant, il faut tout d'abord le contrôler avec le Feu, puis poser l'accent en incorporant l'Eau et le Bois et n'utiliser que très peu de Terre.
- Si c'est l'élément Eau qui domine, il faut tout d'abord le contrôler avec l'élément Terre, puis poser l'accent en incorporant le Bois et le Feu et n'utiliser que très peu de Métal.

Exercice

Il y a une expérience très intéressante à faire. Je vous décris l'exercice en premier, puis vous donne un exemple ensuite.

Choisissez une pièce de votre maison où l'un des éléments domine. À l'aide de la charte, voyez quel élément NOURRIT cet élément dominant, et lequel le CONTRÔLE. Maintenant, trouvez un objet qui appartienne au domaine de l'élément nourrissant, et placez le bien en évidence dans la pièce.

Notez comment le Ch'i se comporte. Enlevez cet objet pour y mettre un autre à sa place, mais cette fois qui appartienne au domaine de l'élément de contrôle. Observez les changements qui s'effectuent dans le Ch'i qui circule alentour. Prenant mon salon comme exemple, l'élément qui domine est le Bois. L'élément Eau est celui qui nourrit le Bois. Pour accentuer l'élément Eau, je drape mes canapés d'un tissu foncé, alimentant ainsi, encore plus, le Bois environnant, et la pièce n'a plus rien d'engageant. Une atmosphère de marécages s'en dégage à présent. Ensuite, je retire les tissus foncés placés sur les canapés, qui retrouvent ainsi leur couleur claire (Métal), et j'observe la différence. L'impression fangeuse disparaît aussitôt, pour faire place à une ambiance chaude et agréable. J'ajoute alors mes accents qui incorporent la Terre et le Feu afin de bien maintenir l'équilibre de l'ensemble.

Cette petite expérience permet de comprendre la marche des éléments, et par là, d'ouvrir son « œil Feng Shui ». La plupart des gens sont ébahis lorsqu'ils voient la différence d'atmosphère qui se dégage d'un environnement, quand un élément dominant à été contrôlé, et qu'ont été introduits les deux éléments qui renforcent cette action. J'aime appeler cette opération l'alchimie du Feng Shui : je mélange les éléments à point, et j'obtiens un environnement en or !

▼▼▼ ▼▼▼

Aime ton voisin comme toi-même,mais choisis bien ton voisinage.

Louise Beal

4

« C'EST L'EMPLACEMET QUI COMPTE »

Le titre de ce chapitre contient une vérité, souvent soulignée par les professionnels de l'immobilier, quand ils discutent des prix d'une propriété. L'emplacement d'une maison joue un rôle tout aussi primordial en Feng Shui. Certains endroits sont bénéfiques par nature, car ils contiennent tous les éléments en bonne mesure, mais nombreux sont les autres qui sont loin d'y parvenir. Mis à part la situation extérieure, les rues, les immeubles avoisinants, le Feng Shui s'intéresse de près, à l'emplacement des portes, des fenêtres, des coins, des angles, et des poutres, car leur impact est primordial.

Je crois qu'il y a très peu d'endroits qui s'avèrent être des cas désespérés pour le Feng Shui, car la sérieuse application de ses principes permet de soigner les problèmes les plus graves. De plus, l'environnement répond très bien aux soins qu'on lui prodigue avec attention. J'ai souvent remarqué qu'une toute petite augmentation de Ch'i, offre les moyens nécessaires aux gens mal lotis, de partir vivre dans un endroit plus bénéfique.

Notre chez-nous

Nous savons que l'emplacement idéal d'une maison se trouve à mi-chemin entre le sommet d'une montagne et les plaines fluviales, et qu'elle est entourée d'une harmonieuse représentation des cinq éléments. Quand les circonstances n'offrent pas de telles possibilités, de façon naturelle, nous pouvons y parvenir par d'autres moyens. Il suffit de créer la forme idéale d'un « fauteuil », en plantant une haie d'arbres, ou en installant un mur de clôture à l'arrière et sur les côtés de la propriété, et d'introduire l'eau, qui se doit de venir compléter l'ensemble, en installant une fontaine à l'avant de la maison, ou en concevant une arrivée par un chemin sinueux, qui rappellera les méandres d'un cours d'eau. Vous pouvez personnaliser votre environnement et par là, intensifier le Ch'i qui s'y trouve déjà, en y plantant des parterres de fleurs, un jardin potager, une terrasse, en y aménageant une grotte, les possibilités sont infinies. Les murs en pierres et les fleurs blanches contribueront à la présence du Métal. Les statues représentant des gens ou des animaux, les fleurs de couleur rouge vif, introduiront le Feu. Les fleurs d'un beau jaune doré, stimuleront les qualités de l'élément Terre. Des principes semblables s'appliquent même en appartement, il suffit d'y faire entrer la nature. Plus l'environnement est urbain, plus il est important d'y introduire les éléments dans leurs formes primitives. Plantes, bouquets de fleurs, morceaux de roches, coquillages, cuir, laine, bougies et de l'eau. Une petite fontaine de table, installée dans l'entrée d'une maison ou d'un appartement, symbolisera la pièce d'eau qui se doit de garnir l'avant d'une propriété. De plus, le son de l'eau masquera les bruits de la ville. De grandes plantes à l'arrière de l'appartement symboliseront la haie d'arbre protectrice. Pour les côtés, des rideaux aux fenêtres joueront le même rôle.

Les chemins qui mènent à nos maisons

En Feng Shui, les routes sont considérées comme des « cours d'eau » qui transportent le Ch'i à des allures variées. Les voies rapides sont associées à des fleuves aux eaux agitées, les paisibles chemins de campagne évoquent les rivières sinueuses, aux eaux tranquilles. Quant aux intersections, elles rappellent les bourbiers et les mauvaises passes. Dans la plupart des pays occidentaux, une grande partie de la population vit sur les rives de ces fleuves agités que sont les voies périphériques, les échangeurs, et autres trouées à usage intensif. Les grandes artères routières font circuler le Ch'i bien trop rapidement pour qu'il puisse nourrir quoi que ce soit sur son passage, y compris les gens qui y vivent. De plus, le Ch'i négatif qui s'engouffre, à toute allure, dans les voies qui bordent ces habitations déjà mal nanties, emporte avec lui la moindre parcelle de Ch'i bénéfique qui pourrait encore circuler dans les parages.

Plus les routes qui longent nos maisons sont larges et fréquentées, plus il s'avère nécessaire d'édifier un barrage protecteur afin de restaurer le Ch'i ambiant (voir le chapitre qui traite des outils de base du Feng Shui, page ? pour y trouver des suggestions.) Par exemple, des plantes en pot nettoieront l'air de ses toxines, et pourvoiront à l'écran nécessaire, entre la route et la maison, ou sur le balcon de l'appartement. Une petite fontaine de table, installée dans une pièce à l'avant, produira un Ch'i enrichissant pour tout l'espace. En supplément, les murs et les clôtures devront être agrémentés de plantes vivantes, et de choses qui bougent, afin de rafraîchir le Ch'i continuellement.

Les cul-de-sac ainsi que les intersections en T, posent aussi leur lot de problèmes. Ces configurations emballent le Ch'i, qui, ne parvenant plus à stopper sa course, vient se jeter comme un raz de marée, directement sur la maison. Ceci ne serait pas grave, si ce genre de Ch'i était favorable, mais c'est loin d'être le cas pour la plupart des gens. Une barrière protectrice réduira considérablement la vitesse du Ch'i qui retrouvera ainsi toutes ses propriétés bénéfiques.

La tâche de jauger la qualité du Ch'i qui circule sur nos routes, s'effectue plus facilement quand on les associe mentalement à des cours d'eau.

Nos portes et nos fenêtres

Le Ch'i entre et ressort des bâtiments à travers les portes et les fenêtres. Pour « voir » comment il arrive et circule dans l'édifice, il suffit de se tenir sur le pas de la porte principale, en regardant à l'intérieur. Les portes et les fenêtres indiqueront le chemin que prend le Ch'i pour effectuer sa traversée. Ceci est également valable pour toutes les autres pièces de la maison.

Comme toujours, le Ch'i doit pouvoir cheminer en ondoyant, entre portes et fenêtres. Lorsque celles-ci sont trop grandes par rapport à la taille de l'édifice, le Ch'i a tendance a circuler trop rapidement pour enrichir les espaces qu'il traverse. Par exemple, souvenez-vous de ces immenses fenêtres qui s'élancent, du sol au plafond, et qui offrent une vue fabuleuse qui nous fascine à tous les coups. Ces glorieux panoramas attirent également le Ch'i comme un aimant, lui concédant par la même occasion, un passage des plus éphémères. S'il s'agit d'un bureau, les effets sur la personne qui y séjourne, se manifesteront par une surcharge de travail, un haut niveau de stress, une activité intense, avec pour ainsi dire, aucun soutien des autres. Ceci est l'exemple même d'un endroit à l'architecture extrêmement yang. Pour donner au Ch'i l'envie de s'y attarder et pouvoir ainsi en bénéficier, il faut parer cette pièce de composants yin, comme par exemple, encadrer gracieusement les fenêtres de lourds rideaux, ou installer un meuble bas tout du long, ou l'orner d'un arrangement de plantes, agrémenté d'une statue, par exemple.

En contrepartie, lorsqu'une pièce n'a pas de fenêtre, le Ch'i n'y trouve pas son chemin et se met à stagner. Pour inciter le Ch'i à circuler dans ce genre d'endroit très yin, il faut l'agrémenter d'éléments yang, tel qu'un grand miroir pour élargir l'espace, des fleurs, des couleurs vives, de la lumière, et des objets naturels qui attireront le Ch'i dans la pièce, tout en intensifiant ses qualités.

Chaque fois qu'une fenêtre se trouve dans l'alignement directe d'une porte ou d'une autre fenêtre, le Ch'i a tendance à disparaître trop rapidement. Dans la mesure du possible, il faut placer une sorte d'écran, tel qu'un paravent, un meuble, des plantes, ou une statue, afin de ralentir le Ch'i et de le guider à travers la maison. Pour qu'il puisse garder toutes ses propriétés nourrissantes, le Ch'i ne doit circuler, ni trop vite, ni trop lentement, mais à sa juste allure !

Les portes et les fenêtres des autres

Nous aimons tous nous sentir hors des regards inopportuns, et en Feng Shui, c'est une priorité. Notre espace de vie et notre coin de travail sont nos domaines personnels, et nous devons nous y sentir bien à l'abri. Malheureusement, la vie citadine ne permet pas toujours un vrai retrait des voisins, dont les portes et les fenêtres donnent souvent directement chez nous.

Nos relations de voisinage seront bien plus harmonieuses si nous savons que personne ne peut voir ce qui se passe dans nos quartiers privés. J'ai visité de nombreuses maisons, où les gens attendaient qu'une haie d'arbres ait poussé pour se sentir protégé du regard des autres. Leurs relations avec les voisins étaient plutôt tendues, tout le monde se sentant bien trop proche les uns des autres. Comme nous le savons, avant d'arriver chez nous, le Ch'i s'imprègne de tout ce qui se trouve autour de notre demeure, modifiant ses qualités qui jouent un rôle essentiel sur notre bien-être physique et émotionnel. Par conséquent, il est fortement recommandé de s'installer bien à l'abri.

La façon la plus évidente d'y parvenir, c'est en refermant sa porte et en tirant les rideaux ! Mais lorsqu'un voisin a une vue particulièrement envahissante, due à la position de sa porte ou d'une fenêtre en vis-à-vis, nous pouvons accrocher un petit miroir face à l'intrus, renvoyant ainsi le Ch'i d'où il est parti. Un panier de plantes suspendu à la bonne hauteur, pourra également servir d'écran, de même que des objets placés stratégiquement.

Les Commerces et les endroits de travail

Pour profiter d'un commerce prospère, il vaut mieux qu'il se trouve dans un endroit passant, nommé « l'œil du Dragon », plutôt qu'à l'abri reculé du « ventre du Dragon ». De nombreux commerces sont parfois même, malencontreusement placés, à la « Queue du Dragon ». Il est bien évident que le succès d'une entreprise est dû à sa bonne réputation, mais son emplacement compte pour beaucoup aussi. Les endroits qui ne sont pas bien en vue profiteront tout particulièrement des outils de base du Feng Shui (page 159).

Ces moyens servent à améliorer la qualité du Ch'i dans un lieu résidentiel, comme commercial.

Ne mésestimez pas le pouvoir attractif des bannières colorées flottant au vent, des clochettes qui résonnent joliment, d'une musique enjouée, ou des bruits d'eau émis par une fontaine, ni celui des étalages de marchandises. Ces stratagèmes ont largement fait leurs preuves par l'air de fête qu'ils dégagent.

C'est exactement ce qui s'est passé pour le commerce d'un fleuriste en gros qui tentait, sans grand succès, de vendre également au public, et qui a fait appel à mes services. Le magasin ne se voyait pas de la rue, et les règlements de zonage interdisait toute publicité tapageuse. L'application des principes du Feng Shui a permis « d'atteindre » les passants, qui se sont soudainement mis à remarquer l'endroit, grâce à une guirlande de fleurs, peinte sur les flancs du bâtiment. Celle-ci, en attirant leur regard, les guidait de la rue, jusqu'à l'entrée du magasin.

J'ai également suggéré de placer la caisse enregistreuse dans le secteur du magasin associé aux profits financiers (voir la grille du Bagua page 58). J'ai fait changer l'emplacement les tables de travail pour permettre aux gens de mieux circuler. Pour donner plus d'intérêt à l'endroit, je leur ai conseillé d'élargir leur stock d'objets décoratifs, tels qu'un large assortiment de vases de couleurs et de formes variées. La clientèle ne s'est pas fait attendre. les gens se sont précipités sur le magasin pour y acheter d'énormes brassées de fleurs, et bien d'autres choses encore. Inutile de vous décrire la satisfaction du propriétaire !

Les commerces qui ont la chance d'être bien placés n'ont besoin d'intensifier que le Ch'i qui se trouve à l'intérieur. Les gens qui passent par là, se sentiront irrésistiblement poussés à entrer dans le magasin, si quelque chose attire leur regard depuis l'extérieur. Par exemple, un opticien à fait appel à mes services, lors de la décoration de son magasin. Entre outre, je lui ai suggéré d'accrocher sur le mur du fond, une grande bannière colorée, portant le nom de son établissement.

J'ai souvent travaillé avec des commerçants qui font la même erreur. Ils recouvrent leur vitrines d'informations variées qui bloquent la vue sur l'intérieur. Plutôt que d'avoir envie de rentrer dans le magasin, les clients éventuels se postent devant la vitrine pour y lire tout ce qui s'y trouvent, puis passent leur chemin tout comme les autres. Ces commerçants pensent sans doute rendre service aux gens, mais il n'en est rien.

Tout récemment, j'ai été amenée à travailler sur les lieux d'un bureau médical qui avait pignon sur rue. J'ai compté plus de quatorze affichettes informatives sur la vitrine. Il y en avait pour un bon quart d'heure de lecture. Je leur ai conseillé de tout enlever, sauf l'affiche informant des heures d'ouvertures du bureau. Cette modification a dégagé la vue sur la salle d'attente, également réarrangée de façon confortable et accueillante. Un panneau d'affichage à été accroché au mur, offrant de la lecture aux patients tout comme aux passants. À la suite de ces changements, la réceptionniste a noté une très nette augmentation des rendez-vous pris pour voir le médecin.

Si vous êtes propriétaire d'un commerce, je vous conseille d'ouvrir votre « œil Feng Shui ». Si vous n'êtes pas satisfaits de ce que vous voyez, les principes du Feng Shui décrits tout au long de ce livre, vous permettront d'effectuer des modifications profitables. Les coins des meubles ou des comptoirs ne doivent pas être pointés vers la porte d'entrée ou un endroit où se tiennent les employés. Des allées larges, mais pas en ligne droite, doivent permettre une circulation aisée pour que les clients puissent apprécier la marchandise. Les cinq éléments doivent être représentés dans un équilibre parfait, ce qui créera une atmosphère plaisante où les gens auront envie de dépenser leur argent. Les secteurs du Bagua (voir page 58) seront utilisés au profit du magasin. La caisse enregistreuse sera placée dans une zone bénéfique, soit dans celle du magasin associée aux richesses, ou disposée sur le comptoir de vente, dans la même section. Les parties manquantes du Bagua seront intensifiées par des miroirs ou autres remèdes appropriés. Les plafonds, les poutres, et les escaliers feront l'objet d'une attention toute spéciale. Cet arrangement harmonieux ne manquera pas d'augmenter les revenus, grâce à la satisfaction d'une clientèle fidèle.

Faites ce que vous pouvez, avec ce que vous avez,
là où vous êtes.

Théodore Roosevelt

5

L'ENVIRONNEMENT HARMONIEUX

Dans un environnement harmonieux, le Ch'i arrive tranquillement, déambule de façon nonchalante, en nous caressant au passage, comme une fraîche brise de printemps, et s'en va à sa guise, tout aussi paisiblement. Inutile de dire que nous avons tout intérêt à l'inciter à faire pareil chez nous !

Le Ch'i se tient toujours en équilibre entre deux extrêmes. Il y a le Ch'i qui nous enrichit copieusement, et celui qui possède une nature insidieuse, véritablement hostile. Nous pouvons vivre un certain temps dans un milieu défavorable, une heure, une journée, et peut-être même une semaine, tout en continuant à nous sentir bien. Mais si nous y vivons ou y travaillons à longueur de temps, alors, comme une goutte d'eau ronge une pierre, nous en subissons, nous aussi, les mauvais effets.

Une histoire classique illustre bien ce qui précède : il était une fois un homme, qui, pour pouvoir rentrer chez lui, devait toujours se faufiler sous une branche d'arbre qui lui barrait l'accès de sa porte d'entrée. Comme il ne se décidait pas à la couper, chaque jour, il devait continuer à se courber pour pouvoir rentrer chez lui. Bientôt, il commença à se voûter. Une simple branche d'arbre venait de changer son allure. Comme cette posture voûtée le faisait souffrir, il ne pouvait plus travailler, et de graves problèmes financiers en découlèrent.

De bon cœur, un voisin voulut lui apporter des légumes, tout frais, de son jardin. Mais voilà que cette branche d'arbre l'empêcha de passer. Pour gagner la porte d'entrée, il aurait fallu qu'il dépose son panier pour se faufiler sous la branche, et décida, plutôt, d'aller porter ses produits à quelqu'un d'autre. De plus, le voisin s'en fut avec l'impression que l'homme n'était vraiment pas très accueillant. Pourquoi laisserait-il une branche pousser devant sa porte d'entrée, s'il était fréquentable ? Il se promit bien de ne plus retourner le voir. Les jours suivants, le voisin raconta cette anecdote à plusieurs personnes. Plus l'histoire était racontée, plus elle était exagérée, et les gens finirent par conclure que l'homme était une vraie nuisance pour le voisinage, à cause de sa propriété mal entretenue, sans parler de ses mauvaises manières. Une simple branche d'arbre venait de porter son coup de grâce à un homme.

« La Bouche du Ch'i » – Le seuil d'entrée

Combien de seuils passons-nous chaque jour ? En Feng Shui, les portes d'entrée sont vues comme des bouches, à travers lesquelles le Ch'i, tout comme l'air que nous respirons, entre et ressort. Le seuil d'entrée d'une maison sert de préambule à ce qui suit, tout en symbolisant nos relations avec le monde. Le porche d'une maison qui se distingue agréablement depuis la rue, ou une arrivée joliment définie, servent de chenal bien balisé pour le Ch'i.

Rien ne doit pouvoir empêcher la porte d'entrée de s'ouvrir à fond, autrement dit, il ne doit pas y avoir de meubles qui gênent son ouverture complète, et encore moins des choses « rangées » derrière elle. L'objectif est de deux sortes : faire entrer le plus de Ch'i possible, et accueillir agréablement les visiteurs. Quand une porte d'entrée s'ouvre à fond, cela veut dire que les occupants de l'endroit sont prêts à saisir toutes les opportunités qui se présentent à eux, tout comme à profiter pleinement de toutes les circonstances heureuses que la vie leur réserve. La voie est libre.

Les vestibules servent à nous introduire au reste de la maison. Quand nous ouvrons une porte d'entrée, et qu'un mur à moins de deux mètres, semble se « jeter » sur vous, le remède, c'est d'y accrocher un miroir, ou d'y suspendre un tableau où figure un paysage qui ait de la profondeur.

Les murs qui coupent le champ de vision, c'est-à-dire que d'un œil on voit le mur, et de l'autre la profondeur d'une pièce, jouent négativement sur le système nerveux. Le remède conseillé pour ce mur, est le même que pour le problème précédent.

Exercice

Placez quelque chose derrière votre porte d'entrée pour l'empêcher partiellement de s'ouvrir. Entrez et ressortez à plusieurs reprises, et notez quelles sont vos impressions quand vous ne parvenez pas à ouvrir la porte complètement. Puis, retirez ce qui faisait obstacle, entrez et ressortez plusieurs fois, et là aussi, notez la différence.

Les Garages

Nombreux sont mes clients qui vivent dans des maisons dont les garages s'élancent à l'avant, vers la rue. Aussi pratique que cela puisse paraître, cet emplacement souligne l'importance du garage et de ses occupants mécaniques. Dans la plupart des cas, la porte d'entrée est reléguée à l'arrière et « rapetissée » par l'énorme « bouche » du garage. Ce qui revient à dire que la voiture est plus importante que les gens qui vivent là. Exemple parfait du maître qui se laisse dominer par son serviteur. Il n'y a rien d'étonnant à ce que les gens qui vivent dans une maison dominée par son garage, se plaignent de toujours courir d'un endroit à l'autre, et de vivre dans leur voiture.

Le problème décuple quand le garage est en plein désordre. Imaginez le nombre de fois où nous entrons et ressortons de notre garage. Son influence sur nos vies est aussi grande que n'importe quelle autre pièce de la maison. Aller et venir dans un endroit en fouillis, peut être une métaphore pour ce qui se passe dans nos vies.

Voici ce que vous pouvez faire pour éviter ce genre de problème :

- Si vous projetez de faire construire une maison, planifiez d'installer le garage dans son propre bâtiment, à l'arrière ou sur les côtés de la propriété. Lorsque le garage se niche sous le même toit que la maison, il vaut mieux qu'il ne puisse pas se voir de la porte d'entrée, et qu'il ne change pas la forme initiale de la maison.

- Le seuil de la maison, c'est-à-dire, la porte à l'avant, joue un rôle considérable, car elle symbolise les relations que nous entretenons avec la société. Lorsque la porte d'entrée se trouve camouflée par le garage, il est important de lui redonner toute son importance en la « ramenant » à l'avant. Littéralement ou symboliquement. Cela peut s'effectuer en ajoutant une pièce, en composant un jardin paysager, par un bon éclairage, une terrasse, une clôture ou par un mur. N'importe quelle entrée peut être rendue plus marquante grâce à une approche embellie.

- Il faut peindre le garage de la même couleur que la maison et éviter l'attirer l'attention sur sa porte en la parant de décorations.

- En Feng Shui, le garage à tout autant d'importance que l'intérieur de la maison et gagne considérablement à être rangé, embelli et intensifié. Une de mes clientes possède l'un des plus beaux garages que je connaisse. Elle a recouvert le sol de la moquette qu'elle a récupéré en changeant celle de la maison. Elle a accroché des affiches de paysages magnifiques au mur, et fait installer des étagères pour y ranger ses outils de jardinage. A présent, quand elle rentre dans son garage, elle est chaudement accueillie par une ambiance douce et sereine.

- Lorsqu'on entre et ressort d'une maison en passant par une porte qui donne dans le garage, plutôt que par la porte d'entrée, il faut s'assurer de l'embellir autant qu'on peut. Il faut faire les mêmes efforts pour soi que pour les hôtes de marque qui pénètrent chez nous par la grande porte. Et surtout, il ne faut pas oublier d'installer un excellent éclairage, ni de rendre l'accès facile.

La mise en scène - la première impression

La première pièce qu'on voit en pénétrant dans un édifice, donne le ton pour tout l'endroit. L'entrée classique est généralement un hall, un vestibule, ou un salon, lieux de transition qui laissent un moment de répit, avant de s'engager dans les autres pièces. Mais lorsqu'il s'agit d'une entrée directe dans une cuisine, une salle à manger, un bureau ou une chambre à coucher, le ton n'est plus aussi neutre. Par exemple, une cuisine ou une salle à manger suggéreront la nourriture, et éventuellement une envie de manger. De là, nos visiteurs pourraient se sentir une faim de loup et ne plus penser qu'à casser la croûte.

Récemment, j'ai travaillé sur la maison d'un couple qui a fait modifier le trajet conduisant au porche d'entrée, pour faire arriver les gens directement dans la cuisine. Je leur ai demandé s'ils aimaient passer du temps derrière leurs fourneaux. Ils m'ont répondu, avec un large sourire, qu'ils réunissaient souvent plein d'amis pour des dîner à la bonne franquette, au moins deux ou trois fois par semaine. Leur entrée de maison, bien que peu conventionnelle, servait leur propos à merveille.

Par contre, j'ai visité la maison d'une femme qui ne parvenait pas à garder sa ligne. Elle ne pensait qu'à grignoter, m'a-t-elle dit. Le fait est, la porte d'entrée donnait directement sur sa salle à manger. Nous avons poussé la table et les chaises dans un coin de la cuisine, et transformé la salle à manger initiale en une sorte de grand atrium. Sa porte d'entrée donnait maintenant sur un magnifique jardin intérieur, peuplé de haut palmiers, de broméliacées en fleurs, et agrémenté d'un bassin d'eau en pierres naturelles. Hors de vue tout ce qui pouvait lui rappeler sa faim, ma cliente à tout de suite noté une modification importante de ses habitudes alimentaires.

Les studios, par définition, ne comportent qu'une seule pièce. Par conséquent, la porte d'entrée donne le plus souvent directement sur la chambre à coucher. Celles-ci sont très suggestives, et donnent souvent envie de se jeter sur le lit pour s'endormir, ou pour s'y ébattre joyeusement.

Il vaut mieux que les chambres à coucher soient placées loin de la porte d'entrée. Dans le cas d'un studio, il est conseillé de cacher le lit derrière une sorte de cloison à mi-hauteur qui fasse écran, ou de choisir un canapé-lit.

Bien évidement, l'arrivée directe sur une pièce de travail mettra immédiatement au diapason. C'est peut-être exactement ce qui est souhaité, cependant, les gens aiment avoir un moment à eux avant de s'embarquer dans la tâche qui leur est assignée. Selon l'espace disponible, Il est conseillé de vouer un coin spécial à une zone de transition, où les gens pourront reprendre leur souffle, avant de se jeter au travail.

À l'avant ou à l'arrière – La disposition des pièces

Le Ch'i le plus actif se trouve dans les pièces qui sont disposées à l'avant d'un édifice. Lorsque c'est le garage qui occupe cette position, ce sera donc, par principe, la pièce la plus active. Dans un espace qui fonctionne bien, il vaut mieux que les pièces de réception ou de travail soient orientées à l'avant.

Ce qui n'est pas fameux, c'est d'avoir une chambre à l'avant et un bureau à l'arrière. De même que de placer les zones actives à l'arrière d'un édifice commercial. Ce genre d'orientation va à l'encontre même du flux naturel du Ch'i.

Les chambres et les pièces qui sont localisées à l'arrière d'un édifice ou loin de la porte d'entrée, sont considérées comme des zones yin, mieux adaptées à la relaxation et au sommeil. Les pièces vivantes, comme les cuisines, les salles de séjour, ou les pièces de travail, font parties du domaine yang, de même que l'avant d'un l'édifice. Lorsque c'est une chambre qui est installée là, le sommeil est souvent perturbé par l'abondance d'énergie yang qui y circule. Les sensations actives dégagées par l'avant peuvent être purement énergétiques, ou véritablement provoquées par les bruits de la rue. En contrepartie, une salle de séjour disposée au fond d'une maison, ou un magasin localisé à l'arrière d'un complexe commercial, peuvent souffrir d'un manque chronique de Ch'i yang, vivant et bien actif, et par là, épuiser les gens qui tentent d'y travailler ou de s'y divertir.

Dans la mesure du possible, il est préférable d'installer les chambres à l'arrière de la maison. J'ai souvent modifié des endroits radicalement. Par exemple, en déplaçant la somptueuse chambre du maître de céans, majestueusement orientée à l'avant de la maison, pour la transformer en bibliothèque ou en bureau de travail, alors qu'une pièce à l'arrière de la maison était nouvellement choisie pour en faire une chambre à coucher. C'est une solution surprenante, mais souvent très satisfaisante. Plus la chambre est grande, moins elle est intime, elle est trop yang. Par conséquent, ce n'est pas le genre d'endroit qui donnera envie de s'y calfeutrer pour dormir, ou pour y batifoler.

Lorsqu'on ne peut pas transformer l'attribution d'une pièce, le Feng Shui offre d'autres moyens qui permettent de rétablir l'équilibre. Par exemple, pour une chambre qui se trouve à l'avant, Il suffit de réduire son influence trop yang, par l'introduction d'éléments yin en proportion. Par des couleurs riches et foncées, des imprimés à fleurs ou à bandes horizontales, un ameublement aux formes arrondies, un éclairage diffus (voir la liste yin/yang, page 16). Il faut aussi s'assurer que les cinq éléments sont bien représentés dans la pièce.

Pour ce qui est d'une pièce de travail reléguée au fond d'une maison, ou d'un espace retiré dans une aire commerciale, le Feng Shui rétablit l'équilibre en introduisant des éléments yang dans ces environnements qui sont trop yin. Avec une lumière vive, du blanc ou des couleurs pastels, des lignes angulaires pour l'ameublement. De même qu'à l'aide d'un système de jeux d'eaux, aux sons harmonieux, d'une musique entraînante, ou autres objets qui intensifient le Ch'i, comme les bannières colorées.

Casser le moule – l'usage des pièces

Nos lieux d'habitation et de travail ont été conçus avec des idées bien arrêtées sur l'allocation des pièces. Ces espaces sont généralement nantis de noms, la suite des maîtres, la salle de séjour, de réception, de conférences, ou encore, le débarras. Cependant, si la dénomination de l'une de ces pièces ne fait pas votre affaire, ne vous gênez pas pour la remettre en cause. La grande chambre ne servirait-elle pas mieux de pièce de travail, la salle de séjour d'atelier ? Ne vaudrait-il pas mieux installer la salle à manger dans le salon, ou vice versa ? Est-ce que cet immense bureau occupé par une seule personne, ne servirait pas mieux de pièce de repos pour le personnel ? Les chambres d'amis peuvent être transformées en salle de jeux pour les enfants, les chambres à coucher en salle de gymnastique, les grands débarras en petits bureaux, les salles de conférences en pièces de repos, et ainsi de suite. Lorsqu'on prête attention au Ch'i qui circule dans un environnement, on remarque alors sa valeur inhérente. Le Ch'i se déplace mieux lorsque les gens se sentent à l'aise. Remettez en question les pièces qui ont été désignées d'office car il se pourrait bien que vous découvriez des espaces à utiliser dont vous ne soupçonniez même pas l'existence.

Exercice

Imaginez que personne ne vous ait jamais dit comment organiser les pièces de votre maison, ni quelles sont les fonctions des nombreuses pièces de votre bureau. Y changeriez-vous quelque chose ? Quand un environnement fonctionne de manière à satisfaire tous ceux qui y vivent ou qui y travaillent, le Ch'i s'en trouve tout ragaillardi et chacun en bénéficie.

Les angles et les coins

Parce que l'architecture occidentale est principalement conçue à l'équerre, autrement dit, dominée par les formes droites, nous en sommes réduits à devoir vivre en présence de coins tranchants. Dans la pratique du Feng Shui, les angles droits sont jugés offensants, dans toute l'acception du terme, pour la bonne raison qu'ils passent véritablement à l'attaque. Ils projettent le Ch'i avec brutalité contre tout ce qui se trouve à leur portée. De plus, les coins qui ornent notre mobilier, peuvent être particulièrement dangereux, surtout lorsqu'il s'agit de meubles en verre, en métal, ou en pierre. Personne ne contestera avoir déjà été « *attaqué* » par le coin d'un meuble, après avoir relâché sa garde. La présence des coins rompt l'une des règles cardinales du Feng Shui : *ne vivre qu'avec des choses qui ne comportent aucun risque !*

Par leur façon d'être placé, les meubles, les comptoirs, les étalages des espaces commerciaux, peuvent également ressembler à des flèches pointées sur la porte d'entrée. Ce qui n'est certes pas fait pour donner aux gens l'envie de la franchir. Bien des propriétaires de magasins se sont plaints de ne pas arriver à s'attirer le chaland ; forcément, ils pointaient la sortie par la disposition désastreuse de leurs moyens de vente ! Je suis entrée récemment dans un magasin d'objets décoratifs, et me suis aperçue qu'ils avaient pointé tous les angles de leurs meubles vers la porte de sortie. L'impression de se faire jeter dehors était palpable. Je me suis enquise auprès du propriétaire sur la bonne marche de ses affaires. Il m'a répondu que la plupart des gens restaient sur le pas de la porte pour jeter un rapide coup d'œil à l'intérieur, puis passaient leur chemin. À la maison, comme sur nos lieux de travail, les coins peuvent retentir négativement sur nous. Les meubles ainsi que les proéminentes structures de soutien, aux angles dirigés vers la porte d'entrée, semblent dire aux gens « allez-vous-en ! » et tenir le même discours aux influences positives variées qui tenteraient de pénétrer dans la maison ou dans l'espace commercial.

Il y a plusieurs solutions :

- Dans la mesure du possible, choisissez un mobilier aux coins arrondis, même si la forme générale est carrée ou rectangulaire.
- Si vous possédez des meubles ou des comptoirs de présentation qui ont des coins tranchants, disposez-les en diagonale, c'est-à-dire, un flanc face à la porte d'entrée.
- Vous pouvez arrondir les angles droits, en plaçant une sorte d'écran par devant, comme une plante, par exemple.

Exercice

La prochaine fois que vous irez faire un tour dans votre magasin préféré, notez comment sont placés les comptoirs de présentation. Y a-t-il des coins qui sont pointés vers vous lorsque vous entrez ? Ensuite, allez dans un endroit que vous n'aimez pas particulièrement. Quelles différences d'agencement, voyez-vous, entre les deux magasins ?

Modifier la boîte - les encoignures

Dans une pièce à angles droits, les coins ont une fâcheuse tendance à attirer brusquement le Ch'i à eux, qui, dès qu'ils l'ont saisi, celui-ci se pétrifie, puis se met à stagner. Cette stagnation se trouve exacerbée par l'accumulation d'objets disparates entreposés là, et qui n'ont vraisemblablement rien à faire là. En Feng Shui, ces renfoncements sont associés à des marais d'eau stagnante.

La solution première, c'est de les arrondir, ou de les combler. les coins existent là où deux murs se rejoignent, aux angles des plafonds, autour des portes et des fenêtres. Des moulures en plâtre, ou des baguettes de bois estomperont certains de ces coins vifs. D'autres s'arrondiront grâce à l'adjonction de plantes, de lumière, ou d'importantes pièces décoratives, telle qu'une sculpture disposée sur un socle haut. Parfois, il suffit de pousser un meuble pour combler un de ces renfoncements. Il est aussi possible d'y « travailler » en partant du haut. Il suffit de suspendre un objet plaisant qui le fera disparaître. Les angles vifs qui s'élancent dans les pièces, possèdent les mêmes propriétés négatives que les recoins, et sont traités de manière identique.

Nous n'avons pas souvent l'occasion de nous trouver dans une structure conçue sans angle droit. C'est une expérience unique et particulièrement agréable. Mon mari Brian et moi, nous aimons beaucoup descendre au Rainbow Hill Inn à Julian en Californie. C'est un endroit qui a été construit par l'architecte organique James Hubbel. Il n'y a pas un seul renfoncement dans toute la structure. Les chambres sont de formes organiques arrondies, sculptées dans la terre séchée. Chaque fois que nous y séjournons, nous sommes pris d'une véritable frénésie créative, associée à un grand calme. Nous sommes simultanément stimulés, et apaisés par l'abondance de Ch'i qui circule harmonieusement à travers tout l'édifice.

Les chutes d'eau et les rivières – escaliers et couloirs

En Feng Shui, les escaliers et les couloirs font l'objet d'une attention toute spéciale, car suivant leur caractère architectural, souvent agressif, les descentes d'escalier peuvent facilement s'apparenter à de puissantes chutes d'eau qui emportent violemment l'énergie vitale dans les zones inférieures, voire hors de l'édifice. Quand les escaliers se dirigent, en droite ligne sur la porte d'entrée, le Ch'i se trouve projeté dehors, remportant souvent avec lui, la santé et le bonheur des occupants de l'endroit. Les pièces qui font directement face à une descente d'escalier, ne sont pas en mesure de conserver le Ch'i, qui se laisse charrier, sans résistance, par la puissante force d'attraction de la chute toute proche, tandis que les pièces situées en bas, se trouvent continuellement inondées par le Ch'i torrentueux qui dévale du niveau supérieur. les remèdes du Feng Shui qui traitent de ces problèmes, servent à apaiser le flot du Ch'i.

Pour empêcher le Ch'i de s'échapper quand des escaliers se dirigent directement vers une porte de sortie, il suffit de poser quelque chose qui fasse écran entre les escaliers et la porte, grande plante, paravent, meuble, ou objet. Lorsque la place ne permet pas ce genre de remède, il faut alors suspendre un cristal rond à facettes, en bas des escaliers, au dessus de la dernière marche. D'autre part, Il faut éviter d'accrocher les tableaux qui ornent la cage d'escalier, en ordre descendant, ce qui ne ferait qu'accentuer l'impression de chute. Il est préférable de les accrocher à la même hauteur, créant ainsi une ligne horizontale qui maintiendra fermement le Ch'i dans sa descente. De plus, il vaut mieux choisir des sujets qui suggèrent un mouvement vers le haut, telle qu'une envolée d'oiseaux, par exemple. Rien n'empêche d'orner les murs de glaces, du moment qu'elles ne se font pas vis à vis. Les ajustements qui viennent d'être mentionnés profiteront à toutes sortes d'escaliers, peu importe l'endroit où ils se trouvent dans un édifice.

Les couloirs dans les immeubles et les corridors dans nos maisons, poussent le Ch'i à se dépêcher, comme c'est le cas pour les gens, qui tout à coup se hâtent de les traverser, sans trop savoir pourquoi. Je trouve qu'il est difficile de rester, paisiblement, en conversation dans un long couloir. J'ai l'impression d'avoir de l'eau jusqu'à la taille, et de devoir me retenir pour que le courant ne m'emporte pas. Ici, le remède, c'est de fragmenter le couloir en zones plaisantes, ou de l'ajuster de telle façon qu'il paraisse serpenter. Miroirs, tableaux, sculptures, meubles, et tapis permettront de créer une série de niches qui ralentiront le passage pressé du Ch'i.

Il faut éviter de poser une glace au bout d'un long corridor, ce qui ne ferait qu'accentuer sa longueur. Pour le faire apparaître plus large, il est conseillé de placer un miroir sur le mur opposé à toutes les portes qui donnent sur le passage.

La marque entre le ciel et la terre – les plafonds

La plupart des gens se sentent généralement plus à l'aise dans une pièce qui ne dépasse pas trois mètres de haut, car sinon, elles les désorientent en leur donnant l'impression d'avoir rapetissé. Tout cet espace au-dessus de nos têtes crée une pièce trop yang pour être confortable. J'ai souvent traversé des salons, dont la hauteur de plafond dépassait allégrement les cinq mètres. Généralement, les propriétaires s'étonnaient de ne jamais avoir envie d'y séjourner, en ne réalisant pas la raison qui les poussaient à se regrouper dans la bibliothèque, la cuisine, dans les endroits de la maison où le plafond retrouvait une hauteur normale.

Le meilleur moyen de remédier à une pièce trop haute, c'est de marquer un trait entre « le ciel et la terre » (voir figure 1). En tant qu'influence yin, ce trait horizontal coupera la hauteur verticale yang. Ce trait se dessine en faisant courir une bande horizontale tout autour

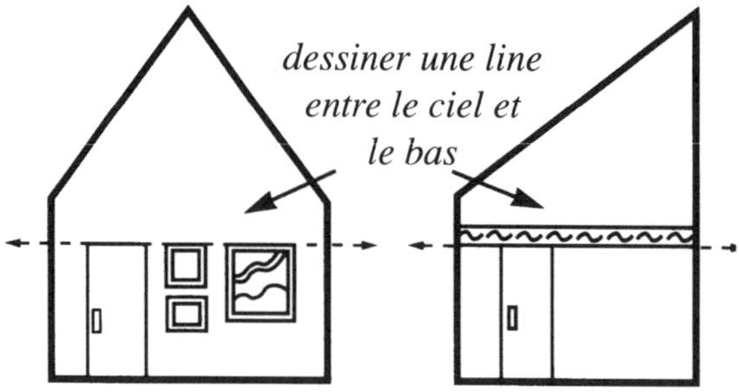

Figure 1a Figure 1b

de la pièce, à une hauteur, à partir du sol, qui peut varier entre deux et trois mètres. Ce trait peut suivre la ligne naturelle crée par le haut des portes, des fenêtres, ou des étagères, en faisant courir une moulure, une bande de papier peint tout autour de la pièce, ou suggérer ce trait, en accrochant des tableaux, posés à partir de la même hauteur.

Suivant la hauteur du plafond, le « ciel » peut être superbement orné d'un léger mobile, d'une bannière colorée, ou d'une délicate étoffe peinte. Géri Scalone, une artiste qui vit à Encinitas en Californie, a imaginé une sorte de trapèze sur lequel elle suspend ses créations, des collages de tissus. Le trapèze descend et remonte à l'aide de poulies, ce qui lui permet de changer facilement ses arrangements.

Les pièces qui ont un côté du plafond qui retombe en pente, doivent aussi être ajustées. Le mur le plus bas est l'endroit idéal pour poser une glace, dont le reflet activera le Ch'i qui pourrait se trouver coincé sous la pente. De l'autre côté, seront placés les meubles lourds, afin d'y stabiliser le Ch'i.

Les pièces très basses, posent un autre problème car le Ch'i s'y comprime. Le remède, c'est l'emploi d'éléments de décoration pleins de vie, c'est-à-dire très yang, pour rompre l'influence yin trop oppressante. De la lumière, en particulier dirigée vers le plafond, des plantes, des miroirs, des couleurs claires, des imprimés à bandes verticales, feront redécoller le Ch'i qui se déploiera ainsi dans toute la pièce.

Les chêneaux du Ch'i – les poutres

Les poutres apparentes sont souvent considérées comme d'importants ajouts décoratifs. Cependant, dans la pratique du Feng Shui, elles ne sont pas spécialement recherchées, loin s'en faut. En principe, les poutres servent à soutenir la lourde structure d'un édifice, et de ce fait, dégagent une sensation de poids énorme quand on se trouve dessous. Plus les poutres sont grosses, basses, et sombres, plus elles nécessitent d'être « traitées ». Les remèdes sont les suivants :

- La ligne de force sera symboliquement brisée par le placement, en angles, de deux morceaux de bois, classiquement en bambou (voir figure 2a). Ce stratagème empêchera le Ch'i de s'élancer, à toute vitesse, le long de la poutre, et en suggérant l'idée d'un octogone ou d'un cercle, le fera redescendre dans la pièce pour y circuler librement.

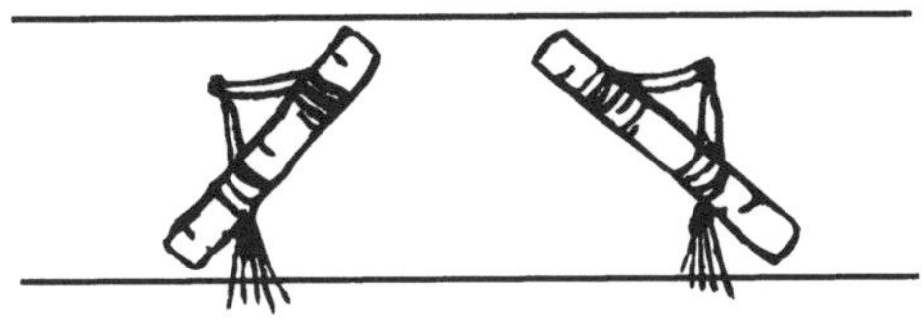
Figure 2a

- Repeindre les poutres d'une couleur claire, blanche, beige ou de tons pastels, permettra d'alléger leur présence.

- Les poutres peuvent également être adoucies visuellement en les camouflant à l'aide d'étoffes légères (voir figure 2b).

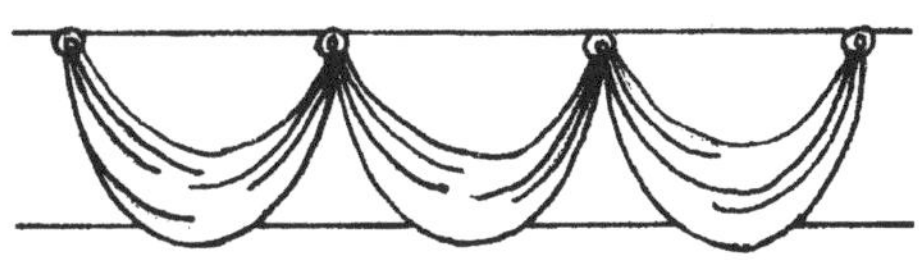
Figure 2b

- Il est aussi possible de faire appel au cycle de contrôle des cinq éléments. Les poutres étant généralement en bois, un remède appartenant au domaine du Métal pourra étire utilisé. Il peut s'agir de quelque chose en métal même, ou de forme ronde, ou de couleur claire, ou en combinaison.

Le compagnon de notre époque – l'Équipement Électrique

L'équipement électrique active le Ch'i. Les appareils de télévision, de sons, les ordinateurs, les micro-ondes peuvent avoir une présence physique et énergétique qui accapare l'attention des gens qui circulent autour d'eux. C'est parfait dans un bureau où le Ch'i se doit d'être actif. Par contre, il n'en est pas de même chez soi, endroit où nous devrions pouvoir nous libérer des soucis de la journée. Là, c'est pourtant souvent la télévision qui mène le rythme. Les parents connaissent bien la bataille journalière qu'ils mènent pour envoyer leurs enfants se coucher, mais l'appel des télévisions et des ordinateurs est souvent le plus fort !

Quand on les laisse faire, tout comme les voitures, les appareils électriques ont tendance à vouloir nous dominer. La meilleure solution consiste à dissimuler l'ordinateur ou la télévision dans un meuble ou derrière un beau morceau d'étoffe. La paix qui se dégage alors dans la pièce surprend toujours les gens. Ce dernier remède est tout particulièrement recommandé dans les chambres à coucher. Là, un ordinateur ou une télévision qui nous « fixe » quand on essaie de trouver le sommeil, s'avère souvent la cause de bien des insomnies.

Mis à part leur présence dominatrice, les appareils électriques peuvent également émettent des ondes malsaines. Après avoir testé mon équipement électrique à l'aide d'un appareil spécial, j'ai découvert que mon fax, ma télé, et le micro-ondes, dégageaient des ondes électromagnétiques nocives. Pour en être à l'abri, je devais me tenir à plus de deux mètres de ces appareils. Je vous conseille vivement de tester votre équipement électrique vous aussi.

Exercice

Choisissez une pièce où il y a une télévision ou un ordinateur. Asseyez-vous et passez un moment à regarder cet appareil, puis dissimulez sa présence comme il vous plaira. Notez si vous remarquez une différence dans la qualité du Ch'i qui circule dans la pièce.

Révision

De nombreux aspects du Feng Shui ont été examinés dans les chapitres précédents. En bref :

- Nos lieux d'habitation et de travail sont vivants, totalement imbriqués à tout ce qui compose notre vie, et à tout moment assujettis à nos désirs de changement.

- Quand nous réarrangeons notre environnement en choisissant exclusivement des choses confortables, qui nous plaisent vraiment, nous améliorons intensément la qualité du Ch'i vital qui circule chez nous. Cette approche permet de créer un véritable paradis personnel.

- Quand nous rétablissons l'équilibre entre le yin et le yang et que nous incorporons les cinq éléments, nous intensifions suprêmement la qualité du Ch'i dans notre environnement.

- La façon de placer les meubles peut inciter le Ch'i, tout comme les gens, à prolonger leur visite ou à fuir promptement.

S'installer aux positions de commande – lits, bureaux et autres pièces de mobilier

Les mesures à prendre concernant notre mobilier sont les mêmes que celles qui s'appliquent à notre environnement. Les voici :

- Notre mobilier est essentiellement vivant, imbriqué à tout ce qui constitue le reste de notre vie, et tout à fait assujetti à notre bon vouloir quand nous décidons de les changer de place.

- Quand nous changeons de mobilier et que nos choix se portent sur une sélection de meubles confortables et qui nous plaisent vraiment, nous améliorons intensément la qualité du Ch'i qui circule chez nous. Cette approche permet de créer un véritable paradis personnel.

- En sélectionnant un mobilier adapté et en le disposant de façon appropriée, l'équilibre du yin et du yang, et l'harmonie entre les cinq éléments se rétablissent. Ceci accentue le flux du Ch'i dans tout l'espace concerné.

- La façon de placer les meubles dans un endroit, peut attirer les gens et le Ch'i vital, tout comme les repousser prestement.

Le mobilier est important. Il nous entoure jour et nuit, et subvient à nos besoins de multiples façons. Il suffit d'imaginer un instant la vie sans aucun meuble, pour réaliser à quel point leur présence est importante. Nous les regardons ou nous en servons constamment. À la maison ou sur nos lieux de travail, les meubles possèdent une présence bien distincte à laquelle nous réagissons. Ils nous plaisent, soit peu, beaucoup, passionnément, à la folie, ou pas du tout. Idéalement, nous devrions aimer tous les meubles qui nous entourent. Quand ce n'est pas le cas, l'acquisition de choses plaisantes, peut se faire petit à petit, en se débarrassant de tout le reste aussitôt que possible, voire même avant d'avoir effectué les achats de remplacement. Selon les principes du Feng Shui, il faut s'entourer de choses utiles à nos besoins, qu'ils soient d'ordre pratique ou d'agrément.

L'agencement confortable d'un mobilier comporte une phase essentielle. Cette étape consiste à déceler « la position de commande » qui se trouve dans un endroit bien précis à l'intérieur de chaque pièce. Cette localisation est d'autant plus importante quand il s'agit de placer un lit ou un bureau, meubles avec lesquels nous passons beaucoup de temps. Nous savons que nous occupons une position de commande, quand nous avons une vue imprenable sur la porte principale d'une pièce. S'il y a plusieurs portes, la position de commande doit permettre de les voir toutes, ou du moins celles qui priment. Il y a très peu de gens qui se sentent à l'aise lorsqu'il sont installés le dos à une porte. Cela provoque une réaction instinctive qui nous met à cran, sans qu'on sache bien pourquoi.

La plupart des gens passent de longues heures derrière un bureau. Là, ils travaillent, écrivent, téléphonent, reçoivent des gens, bref, ils sont en pleine activité professionnelle. Lorsque votre bureau ou votre table de travail sont placés contre un mur et qu'ainsi vous offrez votre dos à la porte d'entrée, il y a deux remèdes possibles :

- Changez votre bureau de place afin d'avoir une bonne vue sur la porte.

- Placez un miroir sur votre bureau ou accrochez-le au mur qui vous fait face, ce qui vous permettra de voir la porte.

Un de mes clients avait installé son bureau devant la fenêtre, de manière à ne rien manquer du panorama fabuleux qui s'offrait à lui. Écrivain, il s'immergeait quotidiennement dans la trame de son roman en cours. Chaque soir, à la même heure, sa femme pénétrait dans le bureau avec leur fils, avant de mettre celui-ci au lit. Et rituellement, l'homme sursautait dès qu'il sentait leur présence derrière son dos. Naturellement, cette peur provoquait un mouvement d'humeur contre sa femme, qui elle-même s'énervait de toujours le voir réagir ainsi. Depuis le temps, il devrait s'y être habitué ! Sa femme avait bien essayé de changer de tactique, elle l'appelait par son nom, faisait des hou ! hou ! tapait dans ses mains, rien n'y faisait, il continuait à sursauter. Malgré tout, il refusait de tourner son bureau de place, prétendant qu'il aimait trop la vue sublime qui s'offrait à lui et de plus, qu'il y puisait son inspiration. Notre solution à été de placer sur son bureau un petit miroir, du genre de ceux qui peuvent se tenir debout. Il pouvait y voir le reflet de sa femme et de leur fils pénétrant dans la pièce, et de là, n'a plus jamais sursauté.

Dans les lieux professionnels, la vie des gens, du grand patron à la réceptionniste, pivote autour de leur table de travail. Comme bon nombre de ces édifices souffrent, dès le départ, d'une longue liste de conditions qui vident les lieux de son Ch'i, zones de travail surpeuplées, plafonds bas, lumières fluorescentes, cet état de fait rend plus cruciale encore la mise en place de remèdes qui ravivent le Ch'i sur et autour des tables de travail.

Premièrement et avant toute chose, quand vous êtes assis à votre bureau, il faut que vous ayez une bonne vue sur la porte, soit directement ou par le biais d'un miroir. C'est le remède le plus facile et le plus puissant qui soit. L'utilisation de plantes en pots, de paravents ou de fausses avancées, vous permettra de camoufler les fils électriques de votre ordinateur. Personnalisez votre zone de travail avec des choses que vous aimez et qui nourriront votre Ch'i tout au long de vos heures de labeur (voir outils de base du Feng Shui page ? ainsi que le Bagua tel qu'appliqué sur les meubles page ?)

Exercice

Quand vous désirez changer la position de votre bureau et que vous avez le choix entre deux endroits qui vous offrent une bonne vue sur la porte, prenez la chaise de votre bureau et asseyez vous un instant à chacun des endroits. Placez la chaise comme si elle se trouvait déjà derrière le bureau. Vous saurez précisément où se trouve l'endroit le plus favorable, car vous vous y sentirez bien.

C'est durant nos heures de sommeil que nous sommes le plus vulnérables ; de ce fait, le placement du lit doit nous permettre de nous sentir tout à fait en sécurité. C'est d'autant plus important que nous y passons, pratiquement, un tiers de notre vie.

Le placement des lits est un peu plus compliqué que celui des tables de travail, et ce, pour deux raisons. La première, c'est que les miroirs ne sont pas indiqués dans les chambres. Ils stimulent le Ch'i, alors que cette pièce devrait servir au repos et au sommeil. La règle, c'est qu'il ne doit pas y avoir plus d'une seule glace dans les chambres, et encore, qu'elle soit placée le plus loin possible du lit.

J'ai récemment été appelée dans une maison, où le fils adolescent n'avait pas passé une bonne nuit de sommeil depuis leur emménagement le mois précédent. Il tenait à garder la lumière allumée toute la nuit, car, disait-il, la chambre était « hantée ». Un mur entier était occupé par un placard aux portes coulissantes tout en glace, et il s'avérait impossible d'en éloigner le lit. Deux options s'offraient : soit enlever les glaces des portes du placard ou les garder en état, mais cette fois en les traitant comme une grande fenêtre, c'est-à-dire en y installant une paire de rideaux qui pourraient être fermés la nuit. La mère a décidé de faire un essai, la nuit suivante, avec des draps qu'elle a accroché pour dissimuler les glaces. Le fiston s'est immédiatement senti mieux dans sa chambre, et depuis, dort toutes les nuits d'un sommeil de plomb, sans plus jamais laisser la lumière.

La seconde raison qui rend le placement des lits tout particulièrement compliqué, c'est que les gens doivent s'éveiller frais et dispos après une bonne nuit de sommeil.

Pour cela, le lit doit être enchâssé dans un espace reculé de la pièce, tout en accordant une bonne vue sur la porte d'entrée. Par conséquent, un lit placé directement dans le passage d'une porte, même si elle se voit bien, n'occupe pas l'emplacement idéal. L'endroit parfait, c'est celui qui permet de voir la porte, tout en se trouvant éloigné de son champ de tir.

Les autres meubles, comme les fauteuils, les canapés, les tables et les chaises de salle à manger, doivent également être disposés de manière à offrir une bonne vue sur la porte d'entrée de la pièce. Lorsque ce n'est pas possible, il faut alors suspendre, à un endroit stratégique, un miroir qui la reflétera. Souvenez-vous que les gens se sentent plus à l'aise quand ils ont un bon contrôle sur leur environnement et cela s'effectue quand ils peuvent voir tout ce qui se passe dans une pièce.

Exercice

La prochaine fois que vous recevrez des gens chez vous, invitez-les à s'asseoir où ils veulent, et notez l'endroit qu'ils choisissent. En général, les fauteuils qui font face à la porte principale, sont pris les premiers.

▼▼▼ ▼▼▼

En choisissant votre logis, sachez comment rester discret. En cultivant votre esprit, sachez comment plonger dans les profondeurs inconnues. Dans vos rapports avec les autres, sachez comment rester noble et bienveillant. En parlant, sachez comment tenir votre parole. En gouvernant, sachez comment maintenir l'ordre. En traitant vos affaires, sachez comment être efficace. En effectuant un déplacement, sachez comment choisir le bon moment.

Lao Tseu

6

LE YI-KING ET LE BAGUA DE FENG SHUI

Le Bagua prend ses origines dans le Yi-King, un livre de divination chinois, le plus vieil oracle du monde. Le mot Bagua décrit les huit caractères fondamentaux du Yi-King, appelés trigrammes. Chaque trigramme est associé à des « trésors » spécifiques, comme la santé, la richesse et l'amour. Dans la pratique du Feng Shui, Le Bagua sert à localiser dans un édifice, les endroits qui correspondent aux différents trésors de la vie. Ce qui explique pourquoi tous les espaces comptent dans la pratique du Feng Shui. De plus, quand tous les aspects de la vie ont été localisés et intensifiés, immanquablement, la bonne fortune des occupants de l'édifice en question s'en trouve considérablement fortifiée.

J'ai souvent pu constater la valeur des résultats obtenus grâce à l'utilisation du Bagua ; ils sont parfois même tout à fait ahurissants. Les maisons, les édifices commerciaux, les appartements, les jardins et même les meubles peuvent servir de toile de fond à l'emploi de ce précieux outil.

Avec l'utilisation du Bagua, les résultats s'obtiennent grâce à l'alliance de deux influences puissantes. La première se trouve dans

LA GRILLE DU BAGUA

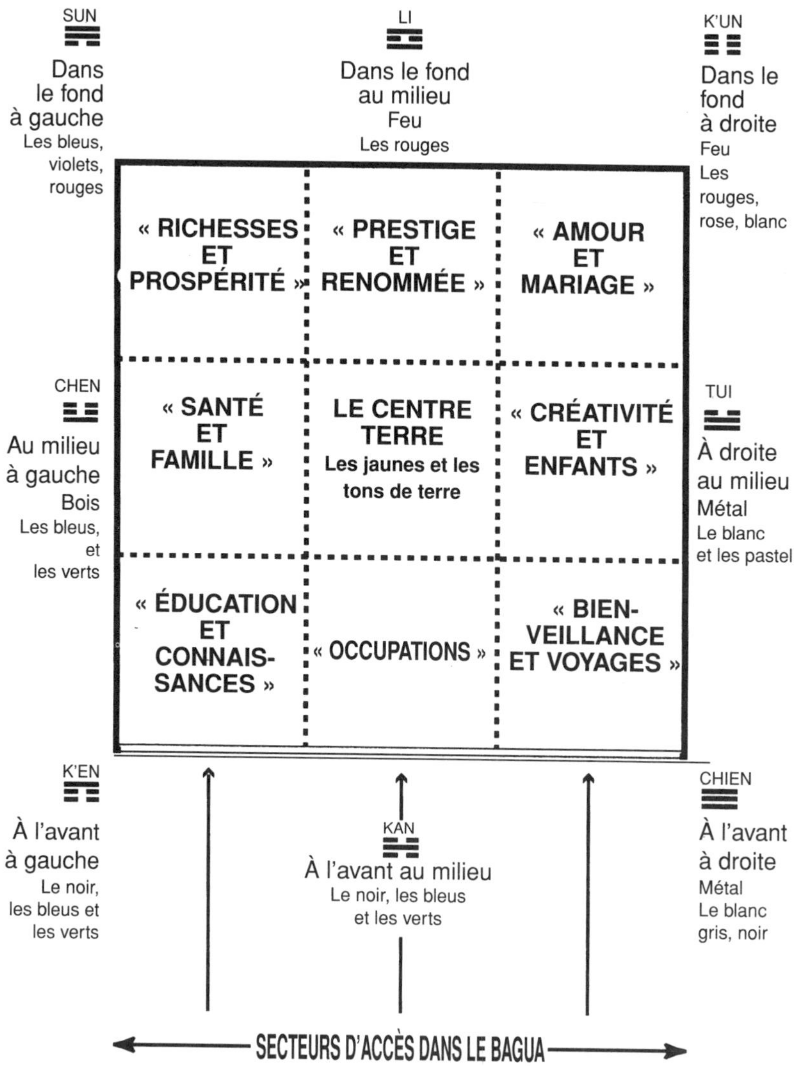

l'éternelle sagesse du Yi-King. La seconde, dans l'intention formelle de l'utilisateur de produire des changements dans sa vie. J'ai noté à d'innombrables reprises, que lorsqu'une personne est décidée à effectuer certains changements, et qu'elle place des objets significatifs dans les secteurs appropriés du Bagua, immanquablement, le Ch'i s'aligne en se hâtant de produire les résultats escomptés. Et autant dire, avec fougue ! Tout comme les bons remèdes soignent nos maux physiques, les bons « remèdes » du Bagua guérissent nos intérieurs de vie. Quand ils sont suivis à la lettre, ces remèdes produisent les résultats souhaités en moins de 30 jours. Si aucun changement n'est apparu dans ce laps de temps, c'est qu'il faut revoir l'ajustement choisi, et mettre plus de ferveur dans l'intention personnelle qui accompagne son placement. Des résultats véritablement satisfaisants sont inévitables lorsqu'on applique le procédé du Bagua comme il se doit.

Localiser vos trésors – comment utiliser la grille du Bagua

Imaginez une vue d'oiseau de l'endroit où vous désirez appliquer la grille du Bagua, et déterminez quelle est sa forme générale, carrée, rectangulaire, ou en forme de T, de S, de U, ou de L. Le garage, ainsi que n'importe quelle autre sorte d'ajout, sont inclus dans la forme globale, pourvu que le tout se niche sous le même toit.

C'est rare, mais il y parfois des édifices aux formes si compliquées, qu'ils en deviennent de véritables casse-tête qui ne permettent pas de vraiment savoir comment appliquer le Bagua. Dans ce cas, il suffit de déterminer la position des secteurs du Bagua qui se trouvent dans chaque pièce, et de travailler à partir de là.

Dès que la forme globale a été décidée, tenez-vous sur le pas de la porte principale, comme si vous étiez prêt à le franchir pour rentrer dans l'édifice. En tant que « bouche » dominante du Ch'i, la porte d'entrée sert de repère pour déterminer l'orientation de la grille du Bagua sur tout le bâtiment. Même si vous utilisez une porte secondaire, par exemple celle du garage ou de la cuisine, c'est l'entrée officielle qui continue à primer. Peu importe la forme générale du bâtiment, il faut qu'elle pénètre à l'intérieur de la grille du Bagua.

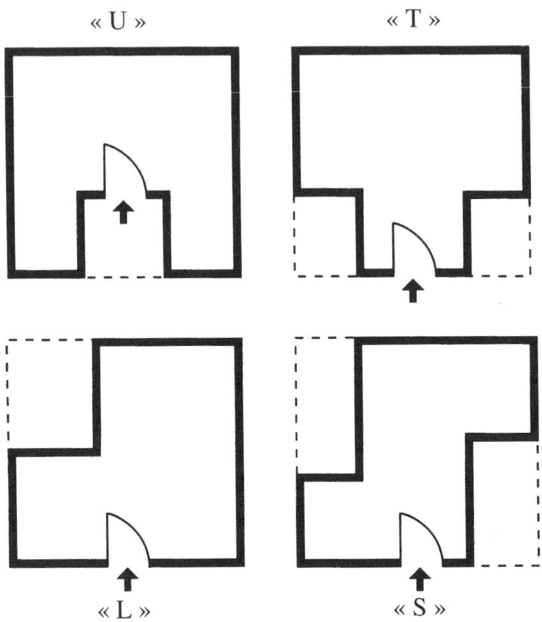

Figure 3

Même si la porte d'entrée se trouve en recul par rapport à l'avant du bâtiment, elle continue à occuper le même secteur frontal du Bagua. Si le bâtiment est en forme de « L », de « T », de « S », ou de « U », il y aura des sections du Bagua qui se trouveront en dehors de sa structure (voir figure 3). Si le bâtiment est carré (tel que la carte illustrée du Bagua) rectangulaire, ou circulaire, sa forme est considérée complète et le Bagua est étiré jusqu'à ce qu'il la remplisse.

On tient compte des petites avancées de structure, telles que les fenêtres à balcons ou les cheminées, comme une augmentation favorable du secteur dans lesquelles elles sont situées. Par contre, les angles représentent des parties manquantes, et sont traités en tant que tel. Comme indiqué sur la grille du Bagua, lorsque la porte d'entrée se situe à l'avant du bâtiment, et sur la gauche, elle est localisée dans le secteur du Bagua nommé « Éducation et connaissances ». Si la porte d'entrée est placée à l'avant, et au milieu, elle se trouve dans le secteur « Occupations », et pour finir, et si elle est à l'avant, et à droite, c'est par la section « Bienveillance et voyages » que l'on pénètre dans le bâtiment.

Dès que le secteur de pénétration est localisé, tous les autres sont faciles à trouver. Par exemple, pour trouver le secteur « Richesses et prospérité » de votre demeure, tenez-vous sur le pas de votre porte d'entrée, et pointez la zone qui se trouve la plus au fond, et à gauche, de votre espace personnel, c'est là qu'elle se niche. Si votre maison est à plusieurs étages, toute la partie qui s'élève au-dessus de la section « Richesses et prospérité » du rez-de-chaussée appartient au même domaine. Par exemple, si votre salle à manger occupe le fond de la maison à gauche, et qu'il y a une chambre directement au dessus, cette chambre se situera dans le secteur « Richesses et prospérité », tout comme la salle à manger.

Maintenant, pointez la zone qui se trouve la plus au fond de la maison, mais cette fois à droite. C'est elle qui est associée au secteur du Bagua nommé « Amour et mariage ». En suivant la grille du Bagua tout autour, vous pouvez voir qu'entre l'espace dévoué à l'amour et celui qui l'est aux richesses, se trouve le secteur nommé « Prestige et renommée » qui occupe tout le milieu, dans le fond de la maison. « Santé et famille » se situe à gauche, entre les secteurs « Richesses et prospérité » et « Éducation et connaissances ». Quand au secteur « Créativité et enfants » vous le trouverez sur la droite, au milieu, entre « Amour et mariage » et « Bienveillance et voyages ». En faisant le tour du Bagua, notez s'il y a des secteurs qui se trouvent en dehors de la structure du bâtiment.

Comment localiser les secteurs du Bagua dans une pièce

Chaque pièce de la maison possède ses propres secteurs du Bagua. Pour les localiser, regardez à l'intérieur de la pièce depuis la porte d'entrée. S'il y a plusieurs portes, choisissez la plus fréquentée. La tactique à suivre pour trouver dans quel secteur du Bagua se situe l'entrée dans la pièce, est la même que pour trouver le secteur de l'entrée principale de la maison. Une porte sur le côté gauche de la pièce donne dans le secteur « Éducation et connaissances ». Une porte qui s'ouvre au milieu de la pièce donne dans le secteur « Occupations » et quand à une porte qui s'ouvre à gauche de la pièce, elle donne sur le secteur « Bienveillance et voyages ».

La plupart du temps, les secteurs d'une pièce ne coïncident pas avec les secteurs de la maison. C'est une chance, car cela donne bien plus de secteurs à intensifier. Ne pensez pas qu'il soit nécessaire d'intensifier tous les secteurs du Bagua qui se trouvent chez vous. Déterminez plutôt ceux qui sont associés à des aspects de votre vie que vous désirez améliorer.

En général, le Bagua d'un bâtiment a plus d'importance que le Bagua d'une pièce car il contient plus de Ch'i. Cela dit, lorsque les secteurs choisis ont été intensifiés dans chaque pièce, un Ch'i heureux circule dans tous les coins de la maison et s'emploie activement à enrichir la vie de ses habitants !

Faire correspondre les fonctions d'une pièce avec le Bagua

Comme vous ne manquerez pas de le constater, il est pratiquement impossible de faire concorder les fonctions de chacune des pièces d'une maison avec les secteurs de son Bagua complet. En d'autres termes, il est peu probable que le plan initial de votre maison vous permette d'avoir votre chambre dans le secteur « Amour et mariage », votre bureau dans le secteur « Occupations » ou « Richesses et prospérité », votre cuisine dans le secteur « Santé et famille » et la chambre des enfants dans le secteur « Créativité et enfants ». Cet arrangement offrirait, naturellement, quelques avantages, mais il n'est pas indispensable. Par contre, ce qui est vraiment important, c'est de faire en sorte que tous les secteurs soient bien organisés, qu'il n'y en ait aucun laissé en friche, et d'accorder une véritable attention à ceux que vous aurez choisi d'intensifier. Par exemple, si votre chambre à coucher occupe le secteur « Richesses et prospérité », la chose la plus importante à faire, c'est d'y placer un symbole qui évoque l'opulence, tel qu'un superbe objet en cristal ou un jeté de lit en cachemire. Que faire lorsque le secteur « Amour et mariage » est situé dans la salle de bains ? C'est l'endroit parfait pour y placer des choses intimes qui évoquent l'amour et la sensualité, des tableaux d'art érotique, des bougies parfumées, des serviettes de toilette moelleuses. Vous pouvez incorporer un symbole du Bagua dans n'importe quelle pièce de la maison, peu importe sa fonction première, du moment que l'objet choisi possède une véritable signification pour vous.

Les parties manquantes du Bagua

Quand un secteur du Bagua se trouve à l'extérieur de la structure du bâtiment, on considère qu'il manque à l'appel. Par conséquent, il s'agit de le ramener dans les rangs, soit littéralement, soit symboliquement. Lorsqu'on s'attaque à la tâche littéralement, c'est un moyen physique qui complète la forme de la structure. Une terrasse couverte, une chambre supplémentaire, peu importe, l'objectif, c'est de remplir la partie manquante avec quelque chose qui ait suffisamment de substance pour faire partie intégrante de la maison. Ensuite, il est conseillé de renforcer cette action initiale, en ajoutant des couleurs et des objets associés avec le secteur du Bagua dans lequel se trouve l'ajout de structure. Par exemple, s'il s'agit d'une terrasse couverte dans le secteur « Amour et mariage » de la maison, les occupants peuvent y installer des gros pots de fleurs blanches, roses ou rouges, une table et des chaises en fonte, aux dossiers en forme de cœur, et ainsi de suite.

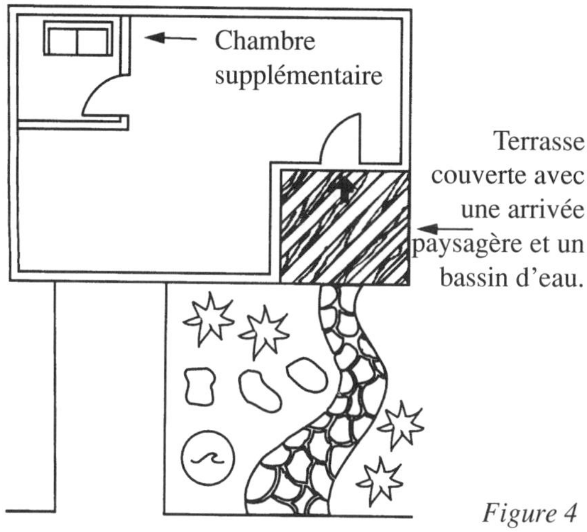

Figure 4

Vous pouvez aussi compléter une partie manquante en élaborant un ajout symbolique, ou en employant un moyen qui ne change pas physiquement la forme de la maison, mais qui, d'une manière ou d'une autre, définisse bien cette partie initialement absente. Lorsque vous vous êtes décidé pour un ajout symbolique, la première chose à faire, c'est de déterminer l'endroit exact où se trouverait l'angle de la maison si elle était « complète ». Ce coin en plein vent, carré ou rectangulaire sera ensuite « rempli » de jolie façon. Pour ce faire, le choix ne manque pas (voir figure 5) :

- Une clôture.
- Un réverbère.
- Un poteau avec un drapeau.
- Un jardin paysager incluant une large rocaille et des plantes de grande taille.
- Une pièce d'eau, une chute d'eau ou une fontaine.
- Une sculpture.

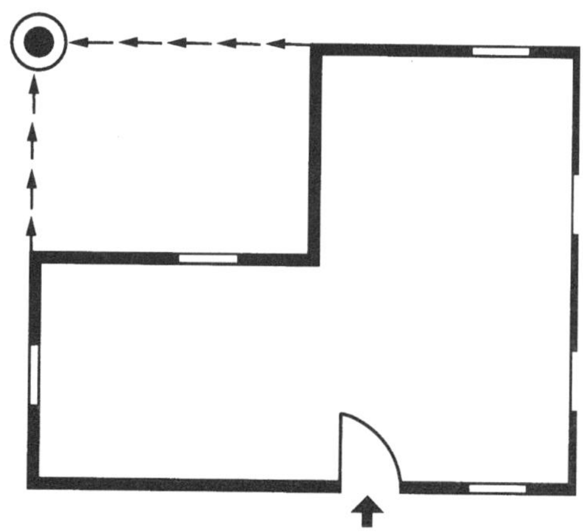
Figure 5

S'il vous vivez dans un endroit où il vous est impossible de travailler sur la structure depuis l'extérieur, il y a moyen de s'attaquer au problème depuis l'intérieur.

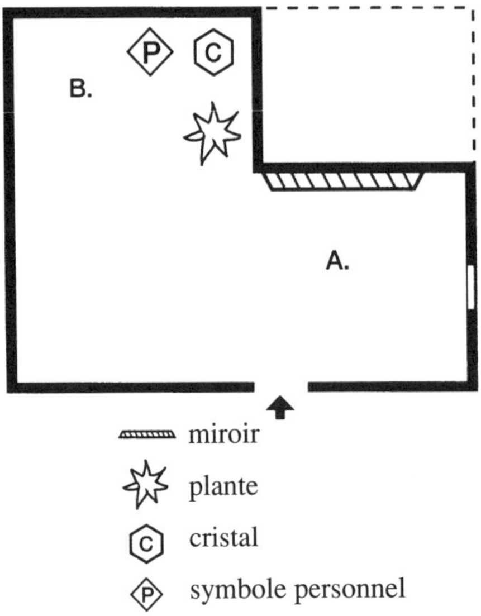

Figure 6A & B

Le fait d'installer un grand miroir sur le mur ou les murs qui forment l'angle, semble le faire disparaître tout en donnant un coup de fouet à l'énergie qui se remet à circuler (Voir section A à la figure 6). S'il y a une fenêtre à cet endroit, il suffit d'y suspendre un cristal rond à facettes, et d'y installer une superbe plante, afin qu'elle ravive le Ch'i en le faisant circuler de nouveau (Voir section B). De plus, vous enrichirez le Ch'i de meilleure façon encore, si vous ajoutez à cet arrangement, un objet significatif qui soit en accord avec le secteur du Bagua que vous venez de récupérer. Une partie du Bagua qui est absente de la structure rend d'autant plus nécessaire d'intensifier les secteurs qui y correspondent à travers la demeure. Par exemple, supposons que le secteur « Richesses et prospérité » se trouve à l'extérieur de votre appartement, je vous conseille vivement d'intensifier ce même secteur dans chaque pièce. Ceci fortifiera la qualité du Ch'i produit par ce secteur, votre source d'abondance.

Vivre avec ce qu'on aime et le Bagua

Dès que vous vous serez familiarisés avec le Bagua, jetez un regard autour de vous. Est-ce que vous y voyez des choses que vous aimez et chérissez ? Est-ce que ce sont des choses qui confortent vos rêves, et qui vous rappellent combien la vie est belle ? Faites un inventaire visuel de tout ce qui vous entourent et demandez-vous « Qu'est-ce que j'aime ? Quelles sont les choses qui éveillent de bons souvenirs ? Celles qui n'en évoquent pas ? Lesquelles m'amusent, me font me sentir aimé, riche et prospère ? Quelles sont celles qui exsudent « pauvre de moi » de tous côtés ?

L'objectif, c'est de faire un tri mental entre les choses qui sont démunies de Ch'i, et qui par là épuisent votre Ch'i, et celles qui sont de solides bâtisseuses de Ch'i, puis de noter où elles sont placées dans votre environnement, par rapport aux secteurs du Bagua. En faisant le tour, on tombe souvent sur un objet qui diminue le Ch'i, exactement dans le secteur qu'on aimerait justement bien intensifier. J'ai rencontré une femme qui se lamentait du peu de durée de ses rencontres amoureuses. En plein milieu de son secteur « Amour et mariage » se tenait une grosse horloge qui ne marchait pas. Une autre femme qui se sentait bloquée dans son inspiration créative, a découvert que son secteur « Créativité et enfants » occupait tout son garage, là justement, où elle jetait pêle-mêle tout ce dont elle n'avait plus besoin dans la maison.

D'autre part, notez où se trouvent les choses que vous aimez, et vous observerez souvent qu'elles se trouvent dans des secteur associés à des aspects de votre vie qui fonctionnent plutôt bien. Un couple heureux a découvert qu'il avait disposé ses photos préférées dans le secteur « Amour et mariage ». Un homme dont les affaires marchaient très bien, s'est rendu compte qu'il avait placé un aquarium dans son secteur « Occupations ».

Parvenir à faire le tri entre ce qu'on aime, ces choses qui fortifient le Ch'i, et tout le reste, n'est pas une mince affaire. Cette opération consiste à nous servir de notre « œil Feng Shui » pour nous poser des questions sur toutes nos possessions. Des questions qui ne nous seraient jamais venues à l'esprit auparavant. Demandez-vous « Est-ce que j'aime vraiment cet objet, est-ce que j'en ai vraiment besoin ? Lorsque nous procédons à cet examen, il est bon de nous souvenir que le Ch'i qui se trouve dans tout ce qui nous entoure, nous « parle » constamment, et que ce qu'il nous raconte a un fort impact sur nous. Faites en sorte qu'il s'agisse d'éloges et de félicitations et non pas de discours désagréables ! Nos possessions matérielles peuvent être source de bénédictions quand elles contiennent un Ch'i qui nous enrichit, mais une vraie calamité quand ce n'est pas le cas. Nombre d'entre ont la fâcheuse manie de conserver beaucoup de choses qui remplissent les placards à ras bord, voire qui s'entassent dans tous les coins. Ces possessions qui s'empilent créent un Ch'i toxique. De plus, ce Ch'i malsain épuise le Ch'i bénéfique qui n'a plus la force de circuler.

Le Ch'i ne demande qu'à être sculpté magnifiquement par nos soins. Avec le Bagua pour guide, lancez-vous ! Par expérience, je peux vous assurer que tous vos appels seront entendus et qu'ils provoqueront des changements très favorables.

Proclamation à l'environnement – comment personnaliser nos intentions avec le Bagua

Quand nous plaçons des objets véritablement significatifs dans les différents secteurs du Bagua qui se trouvent dans nos lieux d'habitation et de travail, ils se transforment en puissants postes émetteurs. Ces objets symboliques émettent nos pétitions dans le Ch'i environnant qui s'intensifie en les magnifiant dans nos vies. Peu importe dans quel domaine nous désirons produire des changements favorables, santé, argent, amour, travail, nos intentions de changement édifient un Ch'i qui se consolide un peu plus, chaque fois que nous regardons ces objets, jusqu'à produire les manifestations souhaitées.

Vous pouvez débuter votre procédé d'utilisation du Bagua en vous servant des outils de base du Feng Shui dont la liste se trouve à la page ? Mais avant de commencer à acheter ces choses, je vous conseille de vous reporter à la liste qui clôt chacun des récits relatant une utilisation réussie du Bagua. Puis regardez autour de vous car il se pourrait bien que vous disposiez déjà de tout le nécessaire. Souvent, les gens possèdent « tout ce qu'il faut » mais « placé au mauvais endroit ».

Si vous ne trouvez pas l'objet adéquat, rien ne vous empêche de vous lancer dans sa création ! Dessinez, sculptez, assemblez, construisez, peignez, écrivez, bref, l'important c'est que votre pétition s'imbibe de votre Ch'i, et surtout que vous vous amusiez. Plus vous personnaliserez vos « stations émettrices » et plus leur messages seront puissants.

Que vous désiriez intensifier le secteur « Richesses et prospérité » de votre bureau, ou le secteur « Amour et mariage » de votre chambre à coucher, je vous recommande d'agir sans plus tarder. N'attendez pas que le moment parfait se présente. Faites le nécessaire tout de suite, ne serait-ce qu'en punaisant une image au mur !

Tous les endroits comptent – placards, débarras, caves, greniers et garages

Puisque les secteurs du Bagua remplissent toute la structure de l'édifice dans lequel vous vivez, il y a forcément un ou plusieurs secteurs qui occupent le garage, la cave, le débarras, les placards ou la salle de bains. Par conséquent, ces endroits ont une grande importance aussi. Dans la pratique du Feng Shui, rien ne peut rester caché ! Il se peut que vous soyez la seule personne à voir vos placards rangés n'importe comment, ou à entrer dans votre garage où s'empilent pêle-mêle des montagnes de choses, mais c'est VOUS SEUL aussi qui en subissez les effets nocifs, dus au Ch'i malsain qui s'en dégage.

La différence d'impression est grande lorsqu'on ouvre un placard où s'entassent les choses à la va-vite, et un autre où tout est bien rangé. L'impact est d'autant plus grand quand il occupe un secteur du Bagua associé à un aspect de la vie qu'on veut améliorer. Si vous avez tendance à vivre dans le désordre, c'est le moment de vous organiser ! Il est temps de prendre note de toutes ces possessions matérielles qui partagent votre vie, et tout particulièrement du Ch'i qui s'en dégage.

Par expérience, je sais combien cette tâche n'est pas aisée. Nous avons tendance à accumuler des choses qui ne nous servent à rien, pour de vagues raisons qu'il est crucial de commencer à définir clairement. Prenez chaque article séparément et posez-vous les questions suivantes « Est-ce que j'en ai vraiment besoin ? » et « Est-ce qu'il me plaît vraiment ? ». La réponse devrait être OUI à au moins une des deux questions, et aux deux, c'est encore mieux. Les affaires de saison devraient être entreposées de façon bien ordonnée, dans un endroit bien précis. Si vous gardez en réserve des choses dont vous ne savez pas quoi faire, que vous n'aimez pas, qui sont usées jusqu'à la corde, cassées ou qui ne vous vont plus, alors jetez, réparez, vendez, échangez ou donnez. Souvenez-vous que cette grande tâche a pour but de vous débarrasser de tout ce qui épuise le Ch'i en le faisant stagner. Passez toute la maison en revue, de la cave au grenier, des placards au garage, des tiroirs à la boite à bijoux.

Quand le tri sera fait et que vous serez débarrassé de tout ce Ch'i débilitant, vous commencerez à inhaler un Ch'i tout frais qui vous revigorera. De plus, par cette action, un cycle productif se met en place, car tout ce vide attire soudainement à lui des choses qui regorgent d'un Ch'i tout particulièrement enrichissant.

Autant en emportent les salles de bains

Ces endroits ont une seule fonction : l'évacuation des déchets du corps humain à travers leurs canalisations. Dans la pratique du Feng Shui, leur emplacement dans un édifice est examiné de très près. En effet, le secteur du Bagua dans lequel ils sont situés peut produire un Ch'i nocif pour l'ensemble du bâtiment. De plus, lorsque les conduites de vidange des lavabos, de la baignoire, ou des toilettes ne sont pas refermé après usage, le Ch'i est continuellement aspiré par ces canalisations, et tout particulièrement par l'orifice géant des toilettes. Un secteur du Bagua qui est dépourvu de Ch'i ne pourra être d'aucun profit et de plus, absorbera tout le Ch'i bénéfique de l'habitation.

Il se peut même vous soyez obligé de partir en guerre contre les mauvaises habitudes de votre conjoint, de vos enfants, de vos collègues de travail, de vos employés ou bien même des vôtres. Mais le jeu en vaut la chandelle. Mettez tout en œuvre pour gagner la partie. Que tous les couvercles de toilette soient refermés après usage ! Et pendant que vous y êtes, insistez pour qu'on ne tire la chasse d'eau qu'une fois le couvercle baissé !

Idéalement, les toilettes et les salles de bains devraient être des endroits plaisants où l'on ait envie de passer du temps. Ces endroits peuvent être intensifiés avec des couleurs et des objets en relation avec le secteur du Bagua auxquels ils appartiennent.

Le Bagua des meubles

La grille du Bagua peut être superposée sur n'importe quelle structure, du plus grand édifice à la plus petite table. N'importe quelle surface plane peut être divisée selon les secteurs du Bagua et arrangées de façon à produire un Ch'i extrêmement bénéfique et qui mène facilement au succès. Comme toujours, le Bagua produit les meilleurs résultats quand un véritable lien nous unit aux objets que nous choisissons pour intensifier ses secteurs. Puisque chaque objet nous « parle tout le temps » nous avons donc tout intérêt à bien choisir notre entourage.

Pour vous entraîner, asseyez-vous à votre bureau ou à une table. Là, au milieu juste devant vous, voici l'entrée du Bagua dans le secteur « Occupations ». Depuis votre chaise, regardez au fond et à gauche de la table, voici le secteur « Richesses et prospérité ». De là, vous pouvez facilement trouver tous les autres secteurs du Bagua. Dans votre secteur « Richesses et prospérité » vous pouvez placer un objet qui suggère l'opulence ou que l'on associe généralement à l'argent, une calculatrice, une coupe remplie de monnaie, le premier billet qui est entré dans vos caisses le grand jour d'ouverture, des échantillons des produits que vous vendez, ou une photo de votre meilleur client. D'autres sortes d'objets que l'on utilise souvent sont symboliques. Une petite fontaine de table, un superbe vase de fleurs, un napperon rouge, ou un presse-papiers en cristal.

Dans la partie centrale du fond de la table se trouve votre secteur « Prestige et renommée », l'endroit parfait pour y placer un trophée ou autre titre de gloire. Une lampe diffusant un bon éclairage ou une plante en fleurs sont également des objets appropriés.

Le secteur « Amour et mariage » se trouve au fond à droite. Il n'y a pas de meilleur coin pour y nicher la photo de votre ami ou celle de votre conjoint. Tout objet qui vous suggère l'amour sera spécialement bien placé là, une chose rapportée d'une belle balade à deux, une pièce d'art romanesque, deux fleurs dans un vase rouge, rose ou blanc.

Le secteur « Créativité et enfants » se trouve à mi-chemin sur le côté droit de la table. Vous pouvez y disposer un cadre avec une photo de vos enfants. Si vous n'en avez pas encore et que l'aventure vous tente, placez dans ce coin précis la photo d'un heureux nourrisson, voire même de jeunes animaux ou de fleurs bourgeonnantes. Pour animer votre flamme créatrice, placez-y un pot rempli de crayons de couleurs, ou une reproduction d'art qui vous inspire, ou la photo d'un artiste que vous admirez, prise en train de travailler.

La section « Bienveillance et voyages », se trouve directement sur votre droite, et c'est l'endroit parfait pour votre téléphone. Vous pouvez aussi y placer un souvenir rapporté de voyage, ou un objet à connotation spirituelle ou religieuse.

En principe, nous sommes assis bien au milieu devant la table, avec le secteur « Occupations » situé droit devant nous. C'est l'endroit où nous travaillons à nos divers projets et qui se trouve souvent submergé par des tas de choses. Je vous conseille de ranger ce secteur dès que vous avez terminé votre travail de la journée afin de retrouver un endroit accueillant qui vous mette dans de bonnes dispositions quand il est temps de reprendre le collier. En d'autres mots, ne laisser pas le Ch'i stagner sous des piles de papiers et de choses diverses.

Le secteur qui se trouve à votre gauche, « Éducation et connaissances », est l'endroit parfait pour y ranger les dossiers en cours, les ouvrages de référence et les livres, en fait tout ce qui représente un certain savoir.

Le secteur « Santé et famille » se trouve à gauche, juste au-dessus de la section « Éducation et connaissances ». Là, le choix peut se porter sur des photos familiales ou d'amis très proches, sur une belle plante bien saine, un bouquet de fleurs ou quelque chose qui évoque une remise en forme active et une santé florissante.

Dans certains bureaux, les gens ne sont pas libres de personnaliser leurs coins de travail comme ils le souhaiteraient. Mais il peuvent biaiser l'attention. Par exemple, mon ami Sean travaille dans un cabinet d'avocats très austère, où il n'est pas question d'exposer le moindre objet personnel sur les bureaux. Il a organisé sa table de travail, en plaçant ses dossiers en cours, à sa gauche, dans « Éducation et connaissances », une plante en pot dans « Santé et famille », sa calculatrice dans « Richesses et prospérité », un presse-papiers décoré du logo de son cabinet, dans « Prestige et renommée », la lampe de son bureau dans « Amour et mariage », des stylos de couleurs dans « Créativité et enfants », son téléphone dans « Bienveillance et voyages ». Et pour finir, il a choisi un buvard noir pour son secteur « Occupations » qui est aussi occupé par son ordinateur. Sous chacun de ces objets, il a placé un petit bout de ruban de couleur, variant selon son association avec le Bagua. Bien que les rubans ne puissent pas se voir, Sean sait qu'ils sont camouflés là, et qu'ils intensifient le Ch'i bénéfique qui circule autour de son bureau.

Vous pouvez créer des arrangements spéciaux sur tous vos meubles. Votre environnement tout entier peut être ponctué d'objets placés au bon endroit, et qui possèdent une signification particulière pour vous. Vous édifierez ainsi un Ch'i robuste qui vous sera très bénéfique.

▼▼▼ ▼▼▼

Entre le lever d'un jour et le suivant, le succès peut-il transformer quelqu'un aussi complètement ? Est-il possible qu'il le rende plus grand, plus vivant, plus beau, remarquablement talentueux et si certain qu'il en sera toujours ainsi ? Cela se peut et cela arrive !

Moss Hart

7

Les Belles Histoires du Bagua

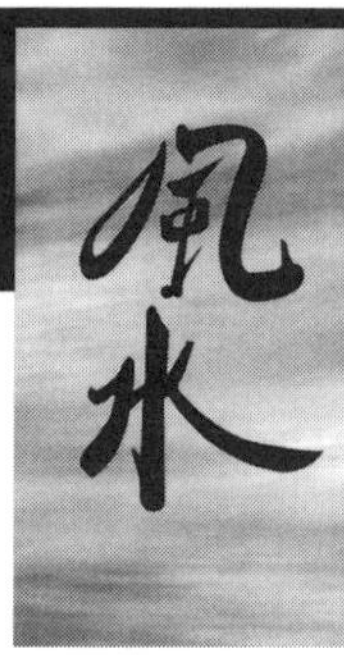

Ces récits illustrent l'utilisation du Bagua par certains de mes clients. Je les ai inclus afin de bien expliquer la marche à suivre qui allie emploi du Bagua et principes du Feng Shui en général. J'ai choisi de raconter des histoires qui démontrent bien la rapidité avec laquelle les changements souhaités sont survenus, parfois même de façon spectaculaire. Les gens ont obtenu ces résultats grâce à une puissante symbiose : le placement approprié des objets symboliques joint à une intention bien définie, autrement dit, en énonçant clairement leurs souhaits. Comme je l'ai dit précédemment, dans les trente jours qui suivent les ajustements, des changements évidents devraient s'être manifesté. Si rien ne s'est passé dans ce laps de temps, n'abandonnez surtout pas la partie ! Allez voir ce que vous avez placé dans les secteurs concernés et changez vos arrangements s'ils ne vous inspirent pas vraiment. Demandez-vous également si vous avez bien émis clairement votre intention lors du placement initial. En bref, reprenez les choses à zéro ! Souvenez-vous que vous êtes seul maître à bord, puisque c'est vous le grand arrangeur de choses, et le grand bâtisseur de Ch'i. N'oubliez pas non plus, que tout est vivant, et qu'une relation dynamique vous relie à tout ce qui vous entoure. Et surtout, définissez clairement votre intention. Puis, ayant fait de votre environnement une puissante station émettrice, mettez-vous tranquillement aux aguets.

LE SECTEUR DU BAGUA

SANTÉ ET FAMILLE

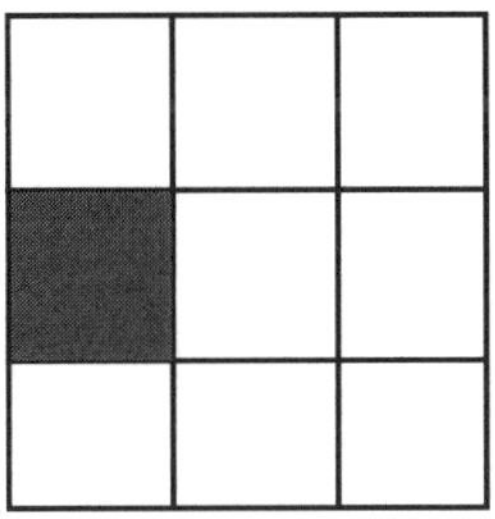

Le secteur « Santé et famille » est situé au milieu du côté gauche de la structure sur laquelle vous travaillez, entre « Éducation et connaissances » et « Richesses et prospérité ». *(Voir la grille du Bagua page 58)*

La sagesse du Yi-King pour le secteur « Santé et famille ».

La santé et la famille sont deux aspects de la vie, associés au trigramme Chen du Yi-King, qui se traduit par « l'influence bousculante du tonnerre ». L'enseignement de ce trigramme révèle l'importance de cultiver une bonne santé, ainsi que de solides rapports familiaux, pour qu'ils servent de puissants soutiens lors des chocs périodiques, et des orages imprévisibles de la vie. Le mot « famille » définit les membres issus d'un même tronc, tout comme les amis proches. En principe, une bonne santé et de bonnes relations familiales nous autorisent à surnager en temps de crise, plutôt que de couler à pic. De même que ces solides fondations nous permettent de franchir certains caps sans trop de risques, de nous épanouir et d'être heureux dans la vie. De plus grands choix s'offrent à nous quand notre santé est bonne, nous pouvons courir, sauter, faire du sport, nous activer, voyager, travailler, en bref, profiter physiquement de la vie. De même, plus nous sommes unis à notre famille et à nos amis, plus nous prospérons grâce aux opportunités, et au soutien moral qu'ils nous offrent. Selon le Yi-King, lorsque nous sommes vigoureux, et bien entourés par notre famille et nos amis, nous saisissons d'autant mieux des opportunités qui se présentent et traversons aussi beaucoup plus facilement les temps difficiles.

Intensifiez votre secteur « Santé et famille » lorsque :

- Votre santé à besoin d'un coup de fouet ;
- Une opération chirurgicale est planifiée ou que vous êtes en convalescence ;
- Vous faites de la compétition sportive ;
- Vous aimeriez élargir votre cercle d'amis ou étendre vos relations sociales ;
- Vous aimeriez améliorer vos rapports familiaux.

Les belles histoires du quadrant « Santé et famille »

DÉBARRAS ET PALAIS

Joan m'a appelée car elle se faisait un sang d'encre pour son mari qui n'allait pas bien du tout. Depuis qu'ils avaient emménagé dans leur nouvelle maison, un an auparavant, sa santé s'était graduellement détériorée. Il avait même fallu qu'il abandonne son travail, et passait maintenant le plus clair de son temps au lit. Quand je me suis enquise de sa propre santé auprès de Joan, elle m'a avoué ne pas se sentir véritablement d'attaque elle non plus. Nous avons pris rendez-vous pour le lendemain.

Lorsque je suis arrivée, j'ai été éblouie par la beauté de la demeure. Mais mon intérêt s'est vite porté sur le secteur « Santé et famille » de la maison. Il s'est avéré que cet endroit était occupé par une petite pièce sombre, un genre de débarras, isolé du reste de la maison, sans aucune décoration et où ne trônait que la litière du chat. Cet endroit était remarquablement différent du reste de la maison, de même que l'odeur ! Aussi sérieux qu'était son problème, Joan ne pouvait pas s'empêcher de rire aux éclats, en réalisant dans quelles conditions physiques se trouvait son secteur « Santé et famille ».

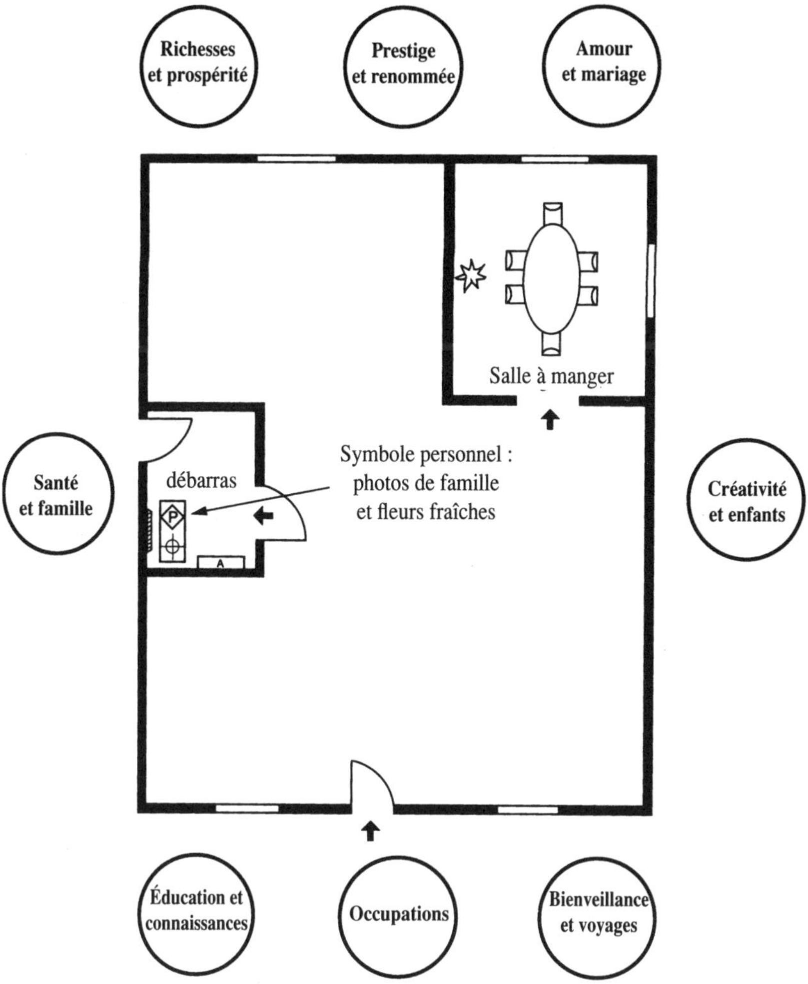

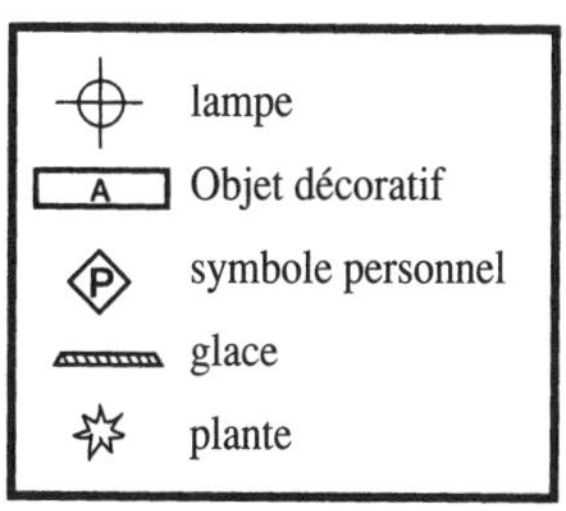

Débarras
et Palais

Traitements et résultats :

Nous avons installé la litière du chat dans un cabinet de toilette du rez-de-chaussée, et transporté une lampe et une table en bois dans le débarras.

Pour symboliser un rapide retour à la santé, nous avons placé sur la table, un vase agrémenté d'un bouquet de fleurs fraîches, Pour symboliser l'amour familial, nous y avons joint une de leurs photos favorites. J'ai suggéré à Joan qu'elle laisse la porte ouverte, et la lampe allumée tout le temps pour rendre l'endroit bien vivant, et qu'il serve de constant rappel à un revigorant retour à la santé, tant pour elle, que pour son mari. Pour inciter le Ch'i à entrer et à ressortir de la pièce facilement, j'ai demandé à Joan qu'elle déniche une grande glace, dans un cadre en bois, pour le suspendre au-dessus de la table. Pour stimuler le Ch'i encore mieux, j'ai suggéré qu'ils accrochent des tableaux aux murs. Les sujets devaient comporter les couleurs des cinq éléments, et leur évoquer, à tous les deux, une santé florissante. Nous avons ensuite discuté de la possibilité de faire abattre le mur de séparation, entre la salle de séjour et le débarras, pour l'intégrer au reste de la maison. Puis, nous avons fait le tour des pièces pour localiser tous les secteurs « Santé et famille » et voir comment ils pourraient être intensifiés. Joan a déplacé une magnifique plante en pot pour l'installer dans le secteur santé de sa salle à manger. Alors que nous nous promenions à travers la maison, elle a remarqué qu'elle possédait tout le nécessaire mais que rien n'était mis à la bonne place, et se réjouissait d'avance à l'idée de tout réarranger !

Charles s'est tout de suite senti nettement mieux. C'est comme si nous avions « retiré l'épine » qui affectait sa santé. Cette pièce sombre, au Ch'i stagnant, a repris vie en même temps que lui. Nourri par tous ces objets personnels associés à la santé et enfin disposés « aux bons endroits », Charles s'est complètement rétabli en quelques mois. Et Joan a retrouvé son bel entrain pour se replonger dans ce qu'elle aime tout particulièrement, la décoration !

La Salle de Bains sur Voie Rapide

En 45 ans, Carol ne s'était fait mal que trois fois. Mais trois fois dans les huit derniers mois. En tombant, elle s'était foulé le poignet, puis un doigt, et enfin le pied. Elle connaissait suffisamment les principes du Feng Shui pour se douter qu'il y avait une corrélation certaine entre sa soudaine maladresse, et son emménagement dans la maison, neuf mois auparavant. Elle m'a demandé de venir la voir.

En regardant à travers mon « œil Feng Shui » j'ai noté qu'elle vivait dans une maison pour ainsi dire parfaite. Carrée, elle contenait tous les secteurs du Bagua dans sa structure. Le garage étant à l'arrière dans un bâtiment à part, le porche d'entrée pouvait ainsi occuper la place proéminente qui lui est due, c'est-à-dire, à l'avant de la maison. Son emplacement possédait toutes les caractéristiques de la configuration classique parfaite, c'est-à-dire ressemblant à un fauteuil. Dominant la rue, la maison était posée bien au milieu du terrain, maintenue à l'arrière par une colline, et protégée de chaque côté par une barrière d'arbres qui avaient atteint leur maturité. Tout était si parfait à l'extérieur que j'avais hâte d'être à l'intérieur, pour pouvoir examiner le secteur « Santé et famille ». Avec une ostentation qu'on ne retrouvait nulle part ailleurs dans la maison, l'endroit présentait un obstacle de taille à la circulation harmonieuse du Ch'i. L'unique salle de bains occupait les lieux. Il s'agissait d'une des ces salles de bain qui desservent deux chambres et qu'on pourrait mieux nommer un couloir. Les portes donnant sur chacune des chambres se trouvaient en vis-à-vis.

J'ai expliqué à Carol que ce genre d'architecture tend à faire accélérer le Ch'i, qui se met à passer en trombe quand les deux portes sont ouvertes. Sachant que de vivre en compagnie d'un Ch'i qui déboule comme une bourrasque de vent, ne permet pas de se déplacer tranquillement, je demandais à Carol « Que se passait-il au moment de vos chutes ? » Carol a souri en hochant de la tête « C'est incroyable ! Je me souviens qu'à chaque fois je me dépêchais, sans faire attention où je mettais les pieds, et me retrouvais par terre en criant de douleur. Alors, que faut-il faire maintenant, je ne vais tout de même pas changer la salle de bains de place ! »

Traitements et Résultats :

Tout d'abord, nous avons discuté de tous les ajustements qu'elle pourrait effectuer pour ralentir la traversée du Ch'i dans sa salle de bains. Comme, par exemple, de tenir autant que possible les portes fermées. Ceci permettrait de créer trois endroits bien distincts, où le Ch'i pourrait circuler tranquillement, plutôt que de lui permettre de traverser la maison, tel un ouragan, quand les deux portes sont laissées ouvertes.

Ensuite, je lui ai conseillé de boucher les drains d'évacuation de la salle de bains, et tout particulièrement des toilettes. Ceci pour que le Ch'i ne soit pas aspiré par les conduites d'eau usées, et qu'il puisse alimenter l'endroit tel qu'il se doit.

Puis je lui ai suggéré de suspendre un cristal devant la fenêtre, et un autre à partir du plafond, bien placé entre les deux portes. Ces deux cristaux ronds à facettes devaient permettre au Ch'i de traverser la salle de bains à une allure modérée quand les deux portes se trouveraient ouvertes en même temps.

Dans la salle de bains, il n'y avait qu'une affiche encadrée pour toute décoration. J'ai demandé à Carol ce qu'elle en pensait, elle m'a répondu « C'est tout ce qui me restait quand j'ai eu terminé d'arranger la maison, alors je l'ai accroche là, j'aime bien, mais sans plus. »

« Étant donné le secteur crucial du Bagua dans lequel est localisé la salle de bains, je vous conseille de remplacer cette affiche par quelque chose qui vous plaise vraiment, une chose qui vous rappelle symboliquement, la vigueur et la santé. » Carol n'avait rien contre, et quand nous sommes sorties de la salle de bains, elle la tenait sous le bras.

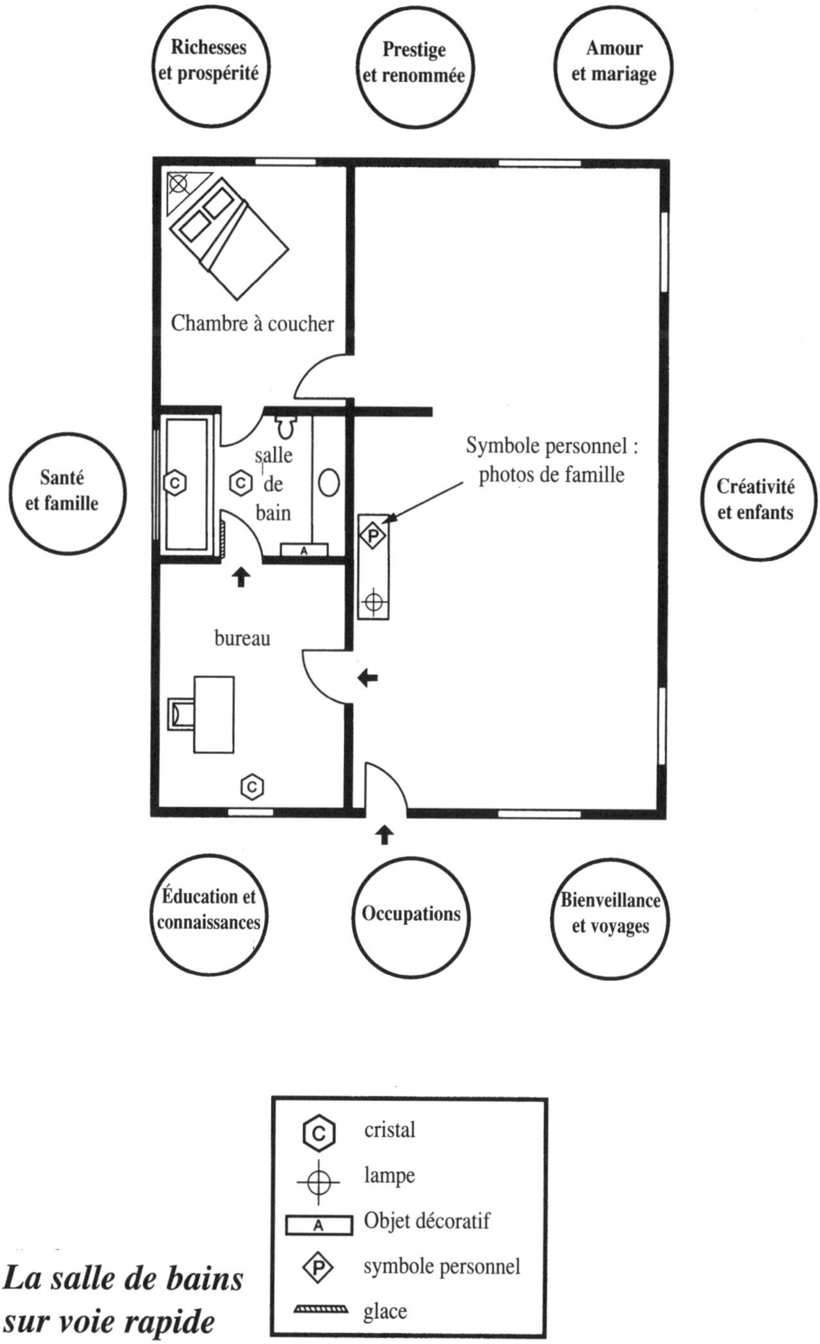

La salle de bains sur voie rapide

Pour finir, je lui ai recommandé d'installer une grande glace sur la porte de la salle de bains qui donnait sur la chambre à l'avant. Glace posée côté chambre. « Comme vous avez fait de cette chambre votre bureau » lui ai-je dit « la glace activera votre Ch'i et votre inspiration créatrice s'en trouvera stimulée. Cependant, je ne vous recommande pas de poser une glace sur la porte de votre chambre car c'est une pièce de repos. D'autre part, en ce qui concerne votre bureau, j'aimerais que vous suspendiez un cristal rond à facettes devant la fenêtre, afin d'intensifier encore mieux le Ch'i de votre secteur « Santé et famille ».

Nous avons continué à nous promener à travers la petite maison, en localisant tous les secteurs « Santé et famille » secondaires. Dans son salon, elle avait disséminé une magnifique collection de lampes, dont la plus insignifiante se trouvait dans le secteur « Santé et famille ». « Quelle est votre lampe favorite ? » lui ai-je demandé. « Celle-ci » a répondu Carol en montrant le secteur « Éducation et connaissances » de la pièce, où j'apercevais une lampe magnifique au pied en bronze superbement sculpté qui représentait une femme tenant une gerbe de fleurs. « Je souhaiterais que vous mettiez cette lampe dans le secteur « Santé et famille » du salon, et que vous la gardiez allumée, même pendant la journée, durant quelque temps. Ainsi, elle émettra continuellement vos désirs de retour à une vigoureuse santé, ainsi que le maintien harmonieux de vos liens familiaux et amicaux. »

Carol a approuvé et a aussitôt transporté sa « guérisseuse » dans son nouveau gîte sur le bahut. Tout en bavardant, elle a poursuivi son arrangement en y disposant toutes les photos qui se trouvaient dans le secteur « Occupations ». En quelques instants, elle venait de créer une superbe composition « Santé et famille ».

« Mes parents sont encore furieux que je sois partie loin d'eux, pour m'installer en Californie » a-t-elle dit. « Nous n'avons pas gardé de très bons rapports, et cela me chagrine ».

Dans le mois qui a suivi, Carol a fait tous les ajustements nécessaires, y compris créer un superbe collage « Santé et famille » qu'elle a mis dans sa salle de bains. Je lui ai parlé tout récemment, à peu près quatre mois après notre rencontre. « Tout ce que je peux dire, c'est que je me sens très bien, et que je n'ai plus fait de chute depuis que vous êtes venue. » a-t-elle dit. « Il me semble que dans l'ensemble, je suis plus calme, surtout durant la visite de mes parents, le mois dernier. »

« Alors, comment ça c'est passé ? » lui ai-je demandé.

« Bien mieux que je ne m'y attendais – Ils sont restés à la maison et nous avons passé un très bon moment ensemble. Et, tenez-vous bien, j'ai même réussi à ne pas m'énerver quand mon père oubliait de refermer le couvercle des toilettes, ou que les deux ne refermaient pas les portes de la salle de bains. Pour garder de bons rapports familiaux, j'ai vite abandonné mon dressage au protocole de la salle de bains. Je passais simplement derrière eux pour remédier aux méfaits ! Maintenant qu'ils sont de retour chez eux, ma mère m'a dit que mon père referme le couvercle des toilettes et qu'elle a accroché une glace derrière la porte. Mes parents se sont mis au Feng Shui – c'est formidable !

L'accentuation personnalisée du secteur « Santé et Famille »

Pour intensifier ce secteur, vous pouvez n'utiliser qu'une seule chose, ou en combiner plusieurs à la fois.

- Plantes saines de toutes catégories ;
- Fleurs fraîches de toutes couleurs ;
- Affiches, peintures, collages, photos, ou sculptures représentant l'image d'un corps parfait, de membres de la famille ou d'amis proches, de plantes et de fleurs, de jardins et de paysages ;
- Des choses de couleur bleue ou verte ;
- Des choses faites en bois, meubles et objets décoratifs ;
- Tous les imprimés verticaux et à fleurs ;
- Citations ou dictons se référant à la santé ou à la famille ;

- Des choses personnelles qui font référence à la santé ou à la famille, comme des souvenirs ou des trophées sportifs ou un objet hérité.

Affirmations reliées au secteur « Santé et famille »

Je me porte comme un charme.

A tous les niveaux ma santé est excellente.

J'entretiens des relations formidables avec ma famille.

Je m'entends très bien avec mes amis.

J'ai la chance d'être en bonne santé et d'avoir beaucoup d'amis.

▼▼▼

SECTEUR DU BAGUA

RICHESSES ET PROSPÉRITÉ

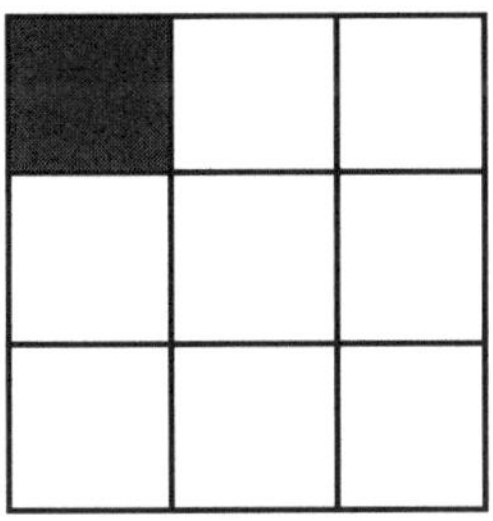

Le secteur « Richesses et prospérité » est situé au fond, et à gauche de la structure sur laquelle vous travaillez (voir la grille du Bagua page 58)

La sagesse du Yi-King pour le secteur « Richesses et prospérité »

Les richesses et la prospérité sont deux aspects de la vie associés au trigramme Sun du Yi-King, qui se traduit par « L'influence persistante du vent ». Ce trigramme enseigne la façon idéale d'accumuler les richesses : honnêtement, sans prendre de risques et graduellement. Lorsque nous prenons le temps de « façonner » notre fortune, en faisant preuve d'une persistance soutenue, nous adoptons des qualités yin, que sont la patience, la confiance, et le contrôle de soi, ce qui nous permet de bâtir de solides fondations financières. De cette manière, tel le vent qui lentement façonne un rocher, ou donne sa forme à un arbre, nous pouvons profiter chaque jour des bienfaits que procure l'argent, tout en assurant notre avenir. Les spéculations à haut risque sont typiquement yang, et comme les grands vents, peuvent être imprévisibles. Elles ont le potentiel de rendre fabuleusement riche, tout comme de laisser sur la paille. Selon le Yi-King, l'accumulation graduelle de la richesse, est le meilleur moyen de s'assurer un présent confortable, et un avenir heureux.

Le bonheur se présente sous bien des aspects. Des amis proches, de tendres relations familiales, une santé vigoureuse, et la possibilité de se réaliser pleinement dans la vie, en sont quelques exemples. Lorsque nous prenons soin de nos relations, des endroits où nous vivons, et des choses qui nous entourent, nous créons l'abondance et la prospérité dans nos vies, et nous vivons en accord avec l'enseignement du Yi-King.

▼▼▼

Intensifiez un secteur « Richesses et prospérité » lorsque :

- Vous aimeriez que l'argent circule mieux dans votre vie ;
- Vous cherchez à réunir des fonds pour une œuvre charitable, une occasion spéciale ou pour un achat particulier ;
- Vous aimeriez bien savoir où passe l'argent, et mieux réaliser l'abondance des richesses qui circulent déjà dans votre vie.

Les belles histoires du quadrant « Richesses et Prospérité »

LA FONTAINE DES RICHESSES

Elaine se considérait bénie des Dieux d'avoir eu la chance de pouvoir acheter une maison, dans un quartier renommé de la ville, un endroit où elle avait toujours eu envie d'habiter. Cette chance, elle la devait à la ruine financière des anciens propriétaires, fait qui avait provoqué une chute spectaculaire du prix de vente de la maison. Le nombre de détails soignés qui caractérisaient cette demeure la rendaient très attrayante, mais Elaine sentait qu'il y avait quelque chose qui « clochait ». Elle m'a proposé de venir y jeter un bref coup d'œil avant son emménagement, et de revenir plus tard pour l'aider à installer ses meubles.

Un seul regard sur sa nouvelle maison en forme de « L », avec son secteur « Richesses et prospérité » localisé dans un coin marécageux de l'arrière-cour, m'a suffi pour savoir que des ajustements importants s'avéreraient nécessaires. Nous avons discuté de la possibilité de prolonger la terrasse pour « terminer »

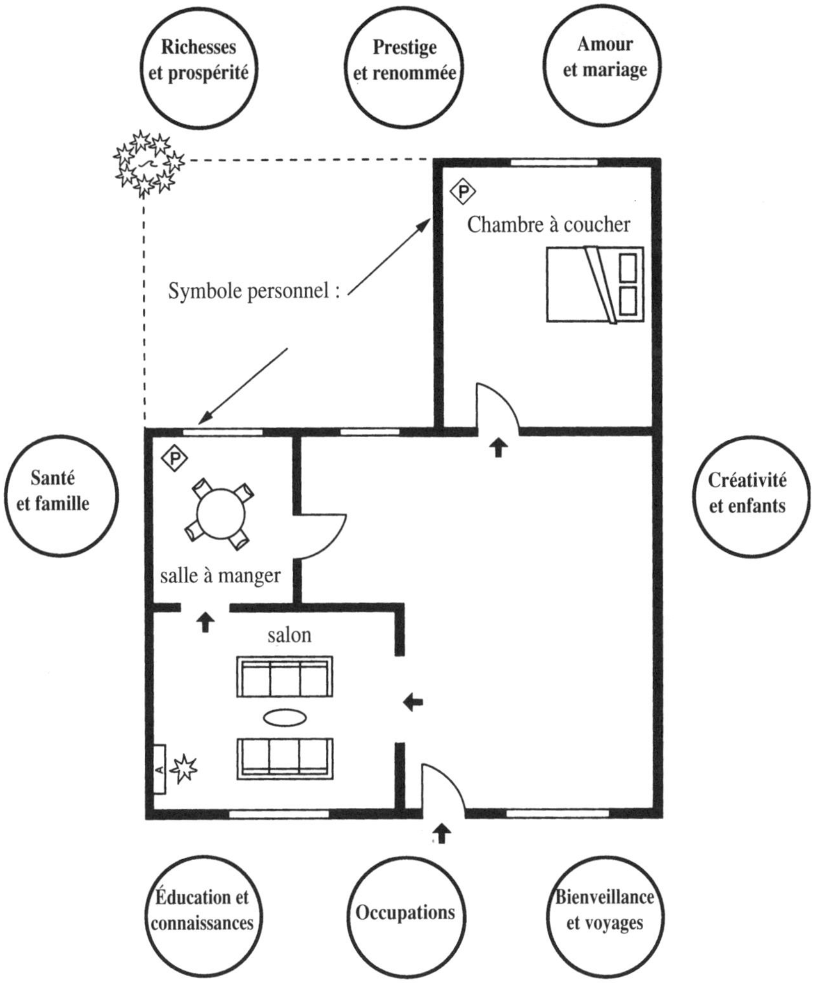

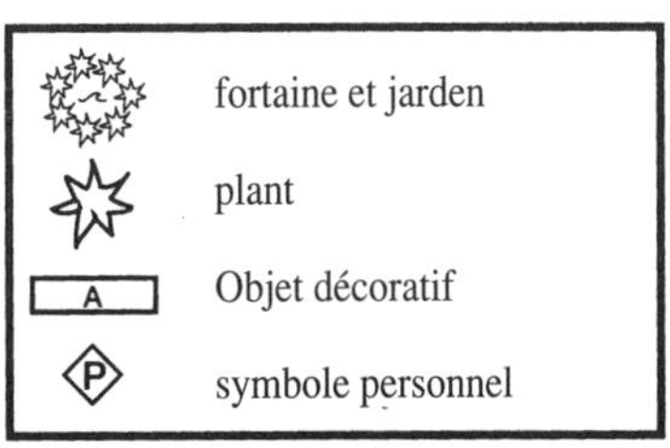

La fontaine des richesses

la maison qui reprendrait, ainsi, une forme carrée complète. Elle a objecté que ce lourd projet ne serait pas dans ces moyens avant au moins un an. Nous savions pourtant que nous devions trouver une astuce pour immédiatement changer la forme « ruineuse » de la maison.

Traitements et résultats :

J'ai suggéré de placer une fontaine dans le coin des « Richesses », pour redonner une forme carrée symbolique à la maison. De plus, le mouvement de l'eau raviverait le Ch'i et le ferait circuler à nouveau. Cette idée a plu à Elaine, et tandis que les peintres s'activaient à l'intérieur, à l'arrière, elle faisait installer une ravissante fontaine de près de deux mètres de haut. Pour parfaire le remède, elle a planté un lit de fleurs rouges, bleues et violettes tout autour de la base de la fontaine. À peine les meubles installés, je suis retournée la voir. Nous avons parcouru toutes les pièces de la maison pour y localiser les secteurs « Richesses et prospérité » afin de les intensifier.

Elaine a fait son choix, parmi ses vases, ses tableaux et les divers objets décoratifs qu'elle considérait les plus beaux, et qui lui évoquaient l'opulence et la prospérité. Nous les avons disséminés à travers la maison dans tous les coins reliés aux richesses. Dans sa chambre à coucher, elle a placé un superbe vase en cristal débordant de roses rouges, symbole à la fois de prospérité et d'amour. Pour compléter le traitement de la maison, elle a suspendu un carillon zéphyrien à la porte d'entrée, en sorte « d'appeler les richesses et les opportunités fortunées ».

Le Ch'i de la nouvelle maison d'Elaine était métamorphosé. Pour l'inciter à persévérer dans ses bonnes dispositions, j'ai suggéré qu'Elaine laisse la fontaine en marche tout le temps, et qu'elle l'éclaire pendant la nuit.

Quatre ans plus tard, Elaine continue à profiter de la vue et des sons émis par son jardin des richesses. À l'inverse des anciens propriétaires, elle n'a pas à se plaindre de sa destinée financière. Ses revenus ont augmenté de façon régulière, grâce à de constantes opportunités, et elle se sent parfaitement en sécurité.

▼▼▼

SALLES DE BAINS VELOUTÉES

Lorsqu'Helena a loué son appartement en triplex, elle savait qu'une aide en Feng Shui s'avérerait nécessaire. Au rez-de-chaussée, se trouvait un petit vestibule tout sombre, des escaliers qui menaient au second étage, une penderie et deux portes, celle de l'entrée et celle du garage. Bien qu'elle ne sache pas exactement pourquoi, il lui semblait que l'emplacement des deux salles de bain n'était pas favorable. En effet, elles occupaient le secteur « Richesses et prospérité » aux deux niveaux supérieurs.

Traitements et résultats :

Pour empêcher le Ch'i de se « déverser » hors de la maison par la porte d'entrée, je lui ai suggéré de suspendre un cristal rond à facettes, au-dessus de la dernière marche des escaliers, et d'installer une grande glace sur la porte de la penderie. Ces deux objets retiendraient le Ch'i et le renverrait dans les étages. Je lui ai conseillé de suspendre le cristal aussi haut que possible, afin qu'il ne dérange pas les allées et venues dans les escaliers. D'autre part, il fallait que la glace de la penderie soit suffisamment grande et haut placée, pour qu'on puisse s'y voir au moins toute la tête. La fonction de cette glace devait également servir à élargir et à égayer le hall d'entrée.

« Pour que le Ch'i garde toute sa vivacité, accrochez des tableaux dans la cage d'escalier. » lui ai-je conseillé. « Assurez-vous, cependant, que leur disposition ne suive pas la descente des marches. Si votre choix se porte sur une série de petits tableaux, disposez les sur une ligne horizontale ». Puis, nous avons discuté du moyen d'empêcher la prospérité d'Héléna de « s'évacuer » en « s'engouffrant » dans les canalisations d'eau des salles de bain : simplement en les rebouchant après chaque usage. Elle n'y voyait vraiment aucune objection !

« Voyez-vous » lui ai-je dit « le Ch'i circule de façon très similaire à l'eau, et de ce fait, se laisse passivement aspirer par les canalisations. Plus l'ouverture est large, et mieux le Ch'i s'y engouffre. »

« Pas une miette de mon Ch'i ne se laissera pomper hors de ma maison ! » s'est-elle exclamée.

Elle s'est immédiatement attaquée au problème. Le lendemain de la consultation, la glace sur la penderie de l'entrée et le cristal au-dessus de la dernière marche de l'escalier, étaient déjà posés. Et bien que n'étant pas propriétaire des lieux, elle n'a pas hésité à faire remplacer la vieille robinetterie des salles de bains. Là, aucune fuite ne serait plus possible ! D'autre part, elle a pris le plus grand soin à leur décoration. De la couleur des murs, en passant par les serviettes et les savonnettes, pour finir par les accessoires, rien n'était trop beau.

Deux jours après notre rencontre, Héléna recevait un chèque qu'elle attendait depuis plus d'un an. Elle n'en revenait pas qu'il soit arrivé, juste après qu'elle ait posé la glace et le cristal. Il se pourrait bien que ce ne soit qu'une simple coïncidence, a-t-elle pensé, mais aussi que mon « Ch'i des richesses » se soit mis à circuler. Elle a aussitôt pris rendez-vous avec le plombier, et s'est mise à courir dans tous les magasins de la ville, pour y dénicher les objets de ses rêves. Trois jours après le remplacement de la tuyauterie des salles de bains, Héléna recevait un chèque considérable.

Il lui venait d'un héritage placé en fiducie, et dont elle pensait avoir vidé les fonds quelques mois auparavant. Elle m'a appelé immédiatement pour me faire part de la bonne nouvelle.

« C'est absolument époustouflant » s'est-elle exclamée. « Je ne savais pas que le Feng Shui pouvait produire des résultats aussi lucratifs ! »

« Votre désir de rendre votre maison la plus belle possible à tout à voir là-dedans, » lui ai-je répondu. « Lorsque nous sculptons notre environnement pour que le Ch'i y circule harmonieusement, des choses superbes nous arrivent, dans votre cas, sont arrivées de superbes choses en argent ! »

▼▼▼

NOUVELLE MAISON, NOUVELLES OPTIONS

J'ai rencontré Sandy pour la première fois, quand elle m'a demandé de venir voir sa maison qu'elle cherchait à vendre. Cette maison ne lui avait causé que des ennuis, humide, pleine de fuites, et maintenant remplie de mauvais souvenirs. Son mariage y avait pris fin. Maintenant qu'elle était seule avec sa fille, elle avait envie de recommencer sa vie ailleurs.

Comme l'arrivée privée était en pente sévère, la maison se trouvait bien plus bas que le niveau de la route, et de plus perpétuellement dans l'ombre. J'ai inspecté la forme générale de la maison et me suis aperçue qu'il y manquait deux secteurs : « Richesses et prospérité » et « Amour et mariage ». Quant au secteur « Prestige et renommée », il jaillissait, telle une péninsule, dans le jardin à l'arrière.

« Je parie que vous avez une réputation formidable au travail et dans votre communauté » me suis-je risquée à dire.

Sandy m'a regardé d'un œil étonné « Pourquoi ? oui, je pense que oui. Je m'occupe d'une œuvre de charité locale et je sais que ma réputation au travail est bonne. Pourquoi ? »

Je lui ai montré le secteur « Prestige et renommée » représenté par le porche couvert, à l'arrière de la maison, puis les « richesses » qui se tenait en plein vent, et pour finir, « l'amour » situé sur un méchant bout de terrain en pente.

« Comment pourrait-il en être autrement, » a-t-elle dit, en se renfrognant. « Pas étonnant que je sois toujours en train de tirer le diable par la queue. L'argent sort plus vite qu'il ne rentre, et cette maison m'en engloutit la majeure partie. Quant au secteur « Amour et mariage », je préfère ne même pas en parler. Ce que je veux, c'est vendre cette maison au plus vite pour pouvoir m'en aller. Alors, que peut-on faire ?

Nous avons passé l'heure suivante à planifier toutes sortes d'ajustements pour les deux secteurs manquants. Nous avons décidé de placer plusieurs gros pots, agrémentés de palmiers et de fleurs aux couleurs vives, dans le coin associé aux richesses. J'étais certaine que cet ajustement serait suffisant pour y stabiliser le Ch'i. Pour le secteur « Amour et mariage » nous avons pensé que l'installation d'une sorte de cabane à oiseaux, haut perchée, et bien pourvue de graines, attirerait les oiseaux en promenade dans les parages, et que cette astuce ne manquerait pas de ressusciter le Ch'i de l'endroit. Pour ajouter plus de vie à l'ensemble, des fougères, des fleurs multicolores se plaisant à l'ombre, viendraient parfaire l'arrangement. Sandy a réalisé qu'il vaudrait mieux qu'elle fasse poser des marches d'accès au bas de la propriété, afin que les gens puissent descendre et remonter facilement.

Pour aider le Ch'i à s'extraire de cet emplacement si encaissé, et pour qu'il puisse ainsi recommencer à sillonner toute la propriété, je lui ai recommandé d'installer deux sortes de remèdes sur le toit : une girouette en forme d'oiseau, à placer de façon proéminente, ainsi qu'une bonne source de lumière, à placer aux quatre coins du toit. D'autre part, il fallait que l'arrivée en pente sur la maison, retrouve une certaine allure. Des massifs de fleurs jaunes et rouges le long du chemin, en introduisant les éléments Terre et Feu, réactiveraient le Ch'i, et ôteraient à l'endroit son côté marécageux. C'est ainsi qu'un beau jour, la maison a attiré le regard de l'acheteur idéal, qui passait sur la route au-dessus.

Une semaine plus tard, Sandy m'a demandé de venir voir deux maisons avec elle. L'une d'elle à tout de suite été rayée de la liste, en raison des problèmes quasiment insolubles qu'elle exhibait. L'autre m'a paru intéressante, en ce sens qu'elle était la copie conforme de la maison que Sandy venait de vendre. Bien que celle-ci soit située au même niveau que la route, elle possédait des caractéristiques identiques à l'autre : la saillie du secteur « Prestige et renommée » retirait les secteurs « Richesses et prospérité » et « Amour et mariage ». Cependant, l'emplacement de la maison, la vue qu'elle offrait, et l'ambiance qui s'en dégageait, la rendaient très attrayante à Sandy. Elle désirait pouvoir l'acheter malgré les problèmes apparents.

« Cette maison me plaît beaucoup, et j'aimerais qu'elle fonctionne pour moi, comment faire ? »

Nous avons consciencieusement fait le tour de la maison. Il y avait une terrasse à l'arrière qui délimitait, plus ou moins, le secteur « Amour et mariage ». Par contre, le secteur « Richesses et prospérité » était laissé tel quel, et de plus, occupait un bout du terrain qui dévalait en pente abrupte dans un ravin.

« Ceci me rappelle le coin des richesses de la maison que vous venez de vendre, » lui ai-je dit. « Il n'est pas question que mon argent se dérobe en dévalant la moindre pente ! Que puis-je faire ? »

Traitement et résultats :

Nous avons établi notre plan d'attaque. Tout d'abord, il fallait que Sandy fasse terrasser tout l'arrière, afin de niveler la pente. Puis que cette surface plane soit recouverte de briques en terre cuite, ce qui introduirait la solide influence de la terre, un élément très stabilisateur. La terrasse ainsi bâtie créerait un solide secteur « Richesses et prospérité ». Là, je conseillais à Sandy d'installer une fontaine de plus d'un mètre cinquante de haut, des plantes fleuries, en pots, tout autour, ainsi qu'un banc.

Sandy a mis plusieurs semaines avant de trouver la fontaine qui lui semblait idéale. Enfin, elle était installée sur son patio nouvellement construit. Deux jours plus tard, elle réalisait la plus grosse somme d'argent jamais gagnée depuis les débuts de sa carrière. Elle était toute retournée en me racontant l'affaire au téléphone, presque effrayée.

« Vous ne m'avez pas prévenue que les résultats se manifesteraient aussi rapidement ! » s'est-elle exclamée.

« En fait nous ne pouvons jamais prévoir exactement ce qui va se passer » lui ai-je répondu. « Mais par contre, ce que je peux vous dire sans me tromper, c'est que n'importe quel secteur du Bagua qui a été bien intensifié, produit des résultats très rapidement. »

Sandy est restée silencieuse un moment, puis a dit « Je ne suis pas prête à intensifier mon secteur « Amour et mariage » pour l'instant. Je ne me sens pas encore disposée à voir ce qui se produira avec celui-là ! »

L'Accentuation personnalisée du secteur « Richesses et Prospérité »

Pour intensifier ce secteur, vous pouvez n'utiliser qu'une seule chose, ou en combiner plusieurs à la fois.

- Les objets qui « appellent le Ch'i » comme les carillons zéphyrien, les girouettes, les manches à air, les drapeaux.
- Les possessions de valeur, objets anciens, tableaux, sculptures, pièces de monnaie de collection, les objets en cristal ;
- Les affiches, tableaux, collages, photos, ou sculptures dépeignant l'image d'objets désirés, maisons, bateaux, équipement, bijoux et qui évoquent puissamment les richesses et l'abondance en général ;
- Les choses de couleur bleue, violette et rouge ;
- Les plantes saines, tout particulièrement celles à feuilles rondes en forme de pièces de monnaie, comme les bégonias ;

- Les plantes à fleurs rouges, violettes ou bleues, comme les violettes africaines, les cyclamens ;
- Les fleurs rouges, violettes ou bleues, fraîches ou en soie ;
- Les objets qui font circuler l'eau, comme les fontaines et les cascades, qui symbolisent un flot abondant d'argent et de richesses de toutes sortes ;
- Citations ou dictons faisant référence aux richesses et à l'abondance matérielle.
- Des choses personnelles qui évoquent la prospérité, comme le premier billet de banque que vous avez gagné, ou de l'argent étranger rapporté d'un voyage d'affaires réussi.

Affirmations reliées au secteur « Richesses et prospérité »

• Choisissez parmi les affirmations suivantes, celle qui vous inspire le mieux (ou créez-en une vous-même). Notez-la, et placez-la dans un secteur « Richesses et prospérité » de votre maison, bureau, ou chambre, par exemple.

Je m'enrichis et prospère de mille et une façons.

Les richesses circulent en abondance dans ma vie.

De jour en jour, je m'épanouis dans le bonheur, en bénéficiant de vastes richesses et d'une excellente santé.

Les richesses et la prospérité se manifestent facilement dans ma vie, maintenant et pour toujours.

J'ai la chance de pouvoir profiter d'un incessant et généreux flot d'argent dans ma vie.

▼▼▼

SECTEUR DU BAGUA

PRESTIGE ET RENOMMÉE

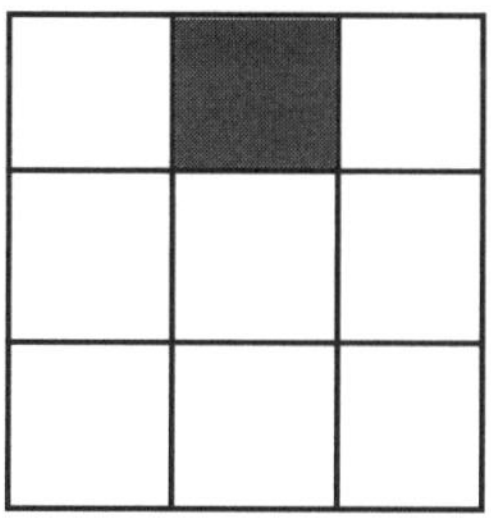

Le secteur « Prestige et renommée » est situé au milieu et au fond de la structure sur laquelle vous travaillez (voir la grille du Bagua page 58)

La sagesse du Yi-King pour le secteur « Prestige et Renommée »

Le prestige et la renommée sont deux qualités associées au trigramme Li du Yi-King, qui se traduit par « Le feu qui s'agrippe ». L'un des attributs du feu, c'est qu'il s'agrippe à tout ce qu'il consume – une condition naturelle qui s'applique également à notre réputation. Bonne ou mauvaise, notre renommée nous poursuit. Elle s'agrippe fermement, réchauffant notre nom, ou le consumant dans le cœur ou l'esprit des autres. Quand nous jouissons d'un certain prestige, nous n'avons aucun mal à nous faire de nouvelles relations, et assurons ainsi notre avenir. Lorsque nous accordons librement notre soutien aux autres, notre popularité est assurée. Quand un échange de bons procédés s'instaure entre les autres et nous-mêmes, alors les portes s'ouvrent sur des opportunités de qualité, qui ne se seraient jamais présentées autrement. Ainsi, nous sommes constamment entourés de gens de bonne volonté, toujours prêts à nous aider. Ce qui fait, en bref, que nous avons tout intérêt à entretenir de bons rapports avec notre entourage. Quand nous brûlons nos arrières, que nous ne faisons aucun effort pour entretenir l'estime que les gens nous portent, nous mettons, en quelque sorte, notre avenir en péril. C'est ainsi, qu'un jour ou l'autre, nous pourrions fort bien nous retrouver tout seul, et en détresse, sans personne pour venir nous porter de l'aide, en fait, délaissé par tous. Le Yi-King nous rappelle de faire attention aux souvenirs que nous laissons aux gens, car notre renommée nous poursuivra longtemps.

▼▼▼

Intensifiez le secteur « Prestige et renommée » lorsque :

- Vous aimeriez bien, qu'à la maison ou au travail, votre entourage remarque, un peu mieux, les efforts que vous fournissez.
- Vous aimeriez asseoir votre réputation parmi les membres de votre communauté.
- Vous aimeriez que vos talents soient reconnus publiquement.

Les Belles Histoires du Quadrant « Prestige et Renommée »

Miroir, Miroir, Que Vois-Tu...

Depuis un an à peu près, Lee vivait, avec son fils de 12 ans, dans un petit cottage entouré de terres fermières. Dans l'ensemble, sa vie était très agréable. Son fils travaillait bien à l'école, tous les deux s'entendaient à merveille, et ils étaient en parfaite santé. Cependant, malgré une excellente renommée en tant qu'écrivain, spécialisé en sujets techniques, plus personne, pour ainsi dire, ne faisait appel à ses services, ou seulement pour traiter de sujets banals. Son employeur semblait l'avoir oubliée ou sinon, ne lui offrait plus que des besognes bien en dessous de ses capacités. Elle avait récemment contacté plusieurs autres entreprises, en leur envoyant un échantillonnage illustrant ses capacités, mais sans succès.

« Avant notre arrivée dans cette maison, les opportunités de travail se succédaient sans fin, » me dit-elle. « Je vous en prie, venez pour me dire ce qui se passe ! » Dès mon arrivée, j'ai tout de suite noté la forme rectangulaire parfaite de la petite maison. L'intérieur était très accueillant. Partout, des photos des gens qu'elle aimait, sur les murs, sur les étagères. Ce n'est qu'en voyant la salle de bains, placée exactement dans le secteur « Prestige et renommée », que le problème m'a sauté aux yeux. Très différente du reste de la maison, la salle de bains avait grandement besoin d'être rénovée. Le papier peint se décollait et des taches d'humidité parsemaient les murs. L'air qu'on y respirait était vicié. Malgré tout, ce qui sautait au yeux, c'était une petite armoire à médecine, ornée d'une glace, et qui était posée sur le réservoir d'eau des toilettes. J'ai demandé à Lee de se placer devant. Son reflet s'arrêtait net, à la gorge.

« Utilisez-vous cette glace ? » lui ai-je demandé.

« Oh ! oui, je n'ai qu'à m'abaisser pour me voir dedans. » Elle a tout de suite réalisé ce qu'elle venait de proclamer. « Vous ne voulez tout de même pas dire, que de m'abaisser chaque jour pour me regarder dans une glace a quelque chose à voir avec... Mon Dieu, que peut-on faire ? »

Traitement et résultats :

Lee a pris une serviette de toilette pour recouvrir la glace de la petite armoire. La qualité du Ch'i s'est immédiatement améliorée. Je lui ai conseillé d'enlever l'armoire, pour accrocher à sa place, mais au mur, un tableau où figurerait quelque chose évoquant le prestige et la renommée. Puis aussi, et aussitôt que possible, de changer le papier peint des murs et le revêtement du sol. D'autre part, qu'elle n'oublie pas le rouge, la couleur indiquée pour ce secteur du Bagua, et qui remplirait l'endroit d'un Ch'i vigoureux et chaleureux, telle qu'elle souhaitait retrouver sa réputation. Je lui rappelais de garder le couvercle des toilettes fermé, ainsi que de boucher les drains de vidange du lavabo et de la baignoire, ceci, pour que le

Ch'i ne puisse pas s'évacuer par ces orifices laissés béants.

Ensuite, nous avons discuté de l'éclairage. Le plafonnier ne donnait pas assez de lumière pour éclairer toute la pièce, et la glace au-dessus du lavabo se trouvait dans l'ombre. Elle a décidé d'installer des spots tout autour, et de s'y tenir, dorénavant, bien droite.

Lee a transformé la salle de bains dans les quinze jours qui ont suivi. Elle a créé un collage, composé de photos d'elle travaillant avec d'autres gens, puis après l'avoir fait encadrer de rouge, l'a mis au mur. Elle a refait le sol, repeint les murs d'un blanc brillant, acheté des serviettes de toilette rouges et posé l'éclairage prévu. Quelques semaines après avoir achevé la salle de bains, une opportunité fantastique et tout à fait inespérée, s'est présentée à elle. Elle a été choisie pour effectuer un travail particulièrement revalorisant et extrêmement bien payé. Pendant qu'elle travaillait sur ce projet, elle a rencontré des gens qui ont été éblouis par son talent, et qui l'ont engagée pour s'occuper d'un autre programme. Sa réputation n'était plus à faire !

▼▼▼

TROP, C'EST TROP

Sharon m'a appelée, car un ami lui avait suggéré d'essayer le Feng Shui pour tenter de résoudre un grand dilemme dans sa vie. Apparemment, plus sa réputation s'établissait, et plus son mari en prenait ombrage. Leur mariage, qui datait de plus de vingt ans, commençait sérieusement à battre de l'aile.

« Il me dit que toute cette publicité autour de moi, ne le gênerait pas autant, si j'arrivais au moins à faire de l'argent » se lamentait-elle, alors que nous visitions la maison. « Qu'est ce qui vous vaut une telle réputation ? » lui ai-je demandé.

« La cuisine californienne, » a-t-elle répondu. « J'ai écrit plusieurs livres de cuisine et l'on m'invite très souvent à participer à des émissions de radio. De plus, je donne des cours, ici dans la cuisine, c'est d'ailleurs pour cette raison que nous l'avons fait agrandir. »

Ma petite lumière Feng Shui a tout de suite fait tilt.

« Allons voir la cuisine, » lui ai-je proposé. Nous sommes arrivées dans la grande cuisine. Et comme de bien entendu, une importante saillie, hors de la structure originellement rectangulaire, s'élançait maintenant dans le jardin à l'arrière de la maison. Ce nouvel arrangement s'avérait un excellent détonateur pour le prestige et la gloire, mais désastreux pour les relations matrimoniales et les finances. À présent, les secteurs « Amour et mariage » et « Richesses et prospérité » se tenaient, si l'on peut dire, en plein vent.

Je lui ai expliqué ce que je voyais. Sharon m'a semblé très ennuyée. « Je savais bien que nous aurions dû agrandir tout l'arrière de la maison, mais nous n'avions pas de raisons suffisantes pour nous engager dans de tels frais. En réalité, depuis que nous avons fait les travaux, je n'ai plus jamais gagné autant d'argent qu'avant. Tout le monde veut prendre mes cours de cuisine, mais personne ne veut plus les payer !

« Votre maison s'occupe maintenant de votre réputation, et non plus de votre compte en banque. Les gens le sentent, sans le savoir, et y répondent en conséquence, » ai-je commenté. « Mais ne vous inquiétez pas, le problème est plutôt facile à résoudre. Il suffit que vous consolidiez les deux zones qui n'ont pas été inclues dans l'agrandissement de la cuisine. »

A ce moment, son mari Al nous a rejoint. Nous avons discuté des différentes options qui s'offraient. L'idée d'un sol en dur, recouvert d'un simple toit leur plaisait beaucoup. L'extension de la cuisine comprenait déjà des portes qui donnaient de chaque côté sur la pelouse. Elles conduiraient à présent sur des « pièces » bien structurées grâce au sol et au toit. De plus, ce dernier pourrait offrir de l'ombre, et un soutien nécessaire aux plantes grimpantes.

Dans le secteur « Amour et mariage », je leur suggérais d'y planter deux jasmins aux fleurs odorantes qui s'entremêleraient en poussant sous l'abri. En contrepartie, des plantes grimpantes à fleurs rouges ou violettes seraient parfaites pour le secteur « Richesses et prospérité ».

Nous nous sommes promenés dans toute la maison qui était charmante. Le Ch'i y circulait harmonieusement de pièce en pièce.

Leur chambre était cependant entièrement décorée de bleu, avec des meubles sombres. Dominée par l'élément Bois, elle dégageait une ambiance très froide. Je leur recommandais d'introduire quelques tons pastels chauds, comme un pêche, un abricot ou un rose pour rehausser, à la fois, les éléments Métal et Feu. Ils pourraient commencer tout de suite en se procurant des draps, un dessus de lit et des coussins aux formes arrondies, pour plus tard, faire aussi repeindre les murs d'un ton plus chaud.

Nous avons terminé la session en admirant les tableaux du salon, dont ils étaient très fiers. En partant, j'ai noté qu'Al avait passé son bras autour des épaules de Sharon.

Bon signe.

Traitements et résultats :

Al s'est attaqué au projet comme si sa vie en dépendait, et les deux terrasses couvertes étaient construites dans le mois. Avec Sharon, ils ont planté leurs deux Jasmins, habillé les terrasses de gros pots de fleurs et de simples meubles de jardin. Peu de temps après, la carrière professionnelle d'Al a pris un tournant étonnant. Il s'est vu offrir une promotion très lucrative qui réclamait un déplacement, pour six mois, dans une autre ville. C'est à cette époque que Sharon et moi nous sommes parlées au téléphone. Le déplacement temporaire de son mari la réjouissait au plus haut point.

« Il rentre pratiquement toutes les semaines à la maison, et c'est comme une nouvelle lune de miel à chaque fois. Il y a bien longtemps que notre vie amoureuse n'a plus été aussi passionnée ! Pendant la semaine, nous sommes tous les deux très pris par nos occupations… ». Sharon n'en finissait plus de parler.

«… dans la soirée, je peux donner mes cours de cuisine sans le déranger. C'est formidable. J'ai aussi transformé notre chambre à coucher en vrai nid d'amour. Il n'y a plus de bleu, au propre comme au figuré ! »

L'Accentuation personnalisée du secteur « Prestige et Renommée »

Pour intensifier ce secteur, vous pouvez n'utiliser qu'une seule chose, ou en combiner plusieurs à la fois.

- Diplômes, trophées, prix, lettres de reconnaissance.
- Des choses faites en utilisant un produit animal, en peau, en plumes, en laine, ou en os.
- Des affiches, tableaux, collages, photos, ou sculptures où figurent des humains, des animaux, le feu, le soleil, ou des gens célèbres.
- Tous les tons de rouge.
- Les formes triangulaires, pyramidales ou en cône.
- Tous les éclairages plaisants, incluant la lumière du soleil, d'une bougie, d'une lampe à l'huile.
- Des citations ou dictons faisant référence au prestige et à la renommée ;
- Des choses personnelles évoquant la reconnaissance de vos pairs.

Affirmations reliées au secteur « Prestige et Renommée »

Les gens avec qui je travaille m'estiment et apprécient mon labeur.

J'ai le franc soutien des gens de ma communauté qui apprécient grandement mes entreprises.

Je suis connu et respecté pour mes compétences, et pour ce que j'ai déjà accompli.

Ma réputation de personne honnête, loyale et compatissante, s'accroît de jour en jour.

▼▼▼

SECTEUR DU BAGUA
AMOUR ET MARIAGE

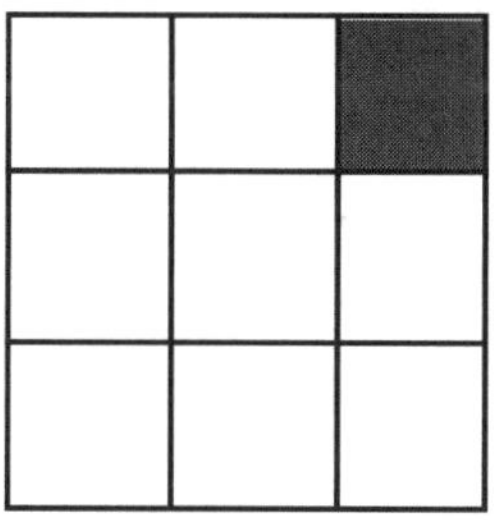

Le secteur « Amour et mariage » est situé au fond et à droite de la structure sur laquelle vous travaillez (voir la grille du Bagua page 58)

La sagesse du Yi-King pour le secteur « Amour et mariage »

L'amour et le mariage sont deux aspects de la vie associés au trigramme K'un, du Yi-King, qui se traduit par « La terre réceptive ». En tant que trigramme le plus yin, le plus réceptif, K'un est associé aux facultés d'adaptation, de souplesse, à la dévotion, et au soutien inconditionnel, qualités qui caractérisent le véritable amour et les mariages heureux. L'amour s'enracine quand chacun des partenaires soutient l'autre, tout en lui permettant de s'exprimer pleinement. En d'autres mots, L'enseignement du Yi-King, nous confirme qu'une relation de couple, se bâtit à DEUX !

D'autre part, c'est quand on prend le temps de faire attention à soi, qu'on s'écoute pour se faire plaisir, qu'on parvient à bâtir une solide relation, avec la seule et unique personne qu'on connaisse intimement, et qui nous accompagnera jusqu'à la fin, sans faillir : nous-mêmes.

Intensifiez votre secteur « Amour et mariage » lorsque :

- Vous aimeriez rencontrer le grand amour.
- Vous désirez améliorer une relation qui existe déjà.
- Vous aimeriez développer une relation plus heureuse avec vous-même.

Les belles histoires du quadrant « Amour et mariage »

Les Lumières de L'amour

Donna et Jay partageaient la même maison, en tant qu'amis, et se trouvaient tous les deux exposés au même problème. Ni l'un, ni l'autre ne parvenaient à s'établir dans une relation amoureuse. Ils étaient beaux et plein d'allant, mais chaque fois qu'ils faisaient la connaissance de quelqu'un qui leur plaisait, des obstacles insurmontables empêchaient toute poursuite.

« J'ai appris qu'il était marié. »

« Elle m'a dit qu'elle était fiancée… »

« Il sort avec trois femmes, et je suis amie avec l'une d'entre elles… »

« Elle attendait son petit ami quand nous nous sommes rencontrés… »

Leurs histoires de rencontres ratées n'en finissaient plus.

Ce qui était particulièrement intéressant, au point de vue Feng Shui, c'est que Donna avait acheté la maison du temps où elle était encore mariée, et que son mari et elle l'avaient fait agrandir pour avoir une chambre supplémentaire. Quelques mois plus tard, son mari pliait bagages. Ce qu'ils ignoraient, c'est qu'un changement énergétique radical se produirait dès lors qu'une aile serait ajoutée à la maison. Le secteur « Amour et mariage » s'étant tout à coup trouvé relégué au fond du jardin, sans plus aucune structure de support.

Donna a pâli lorsqu'elle a appris la nouvelle. « Vous ne supposez tout de même pas que mon mariage… » a-t-elle dit sans terminer sa phrase.

« C'est un facteur qui peut y avoir contribué, » lui ai-je répondu. « Maintenant, il ne nous reste plus qu'à y remédier du mieux possible, et nous verrons bien ce qui se passera dans votre vie amoureuse. »

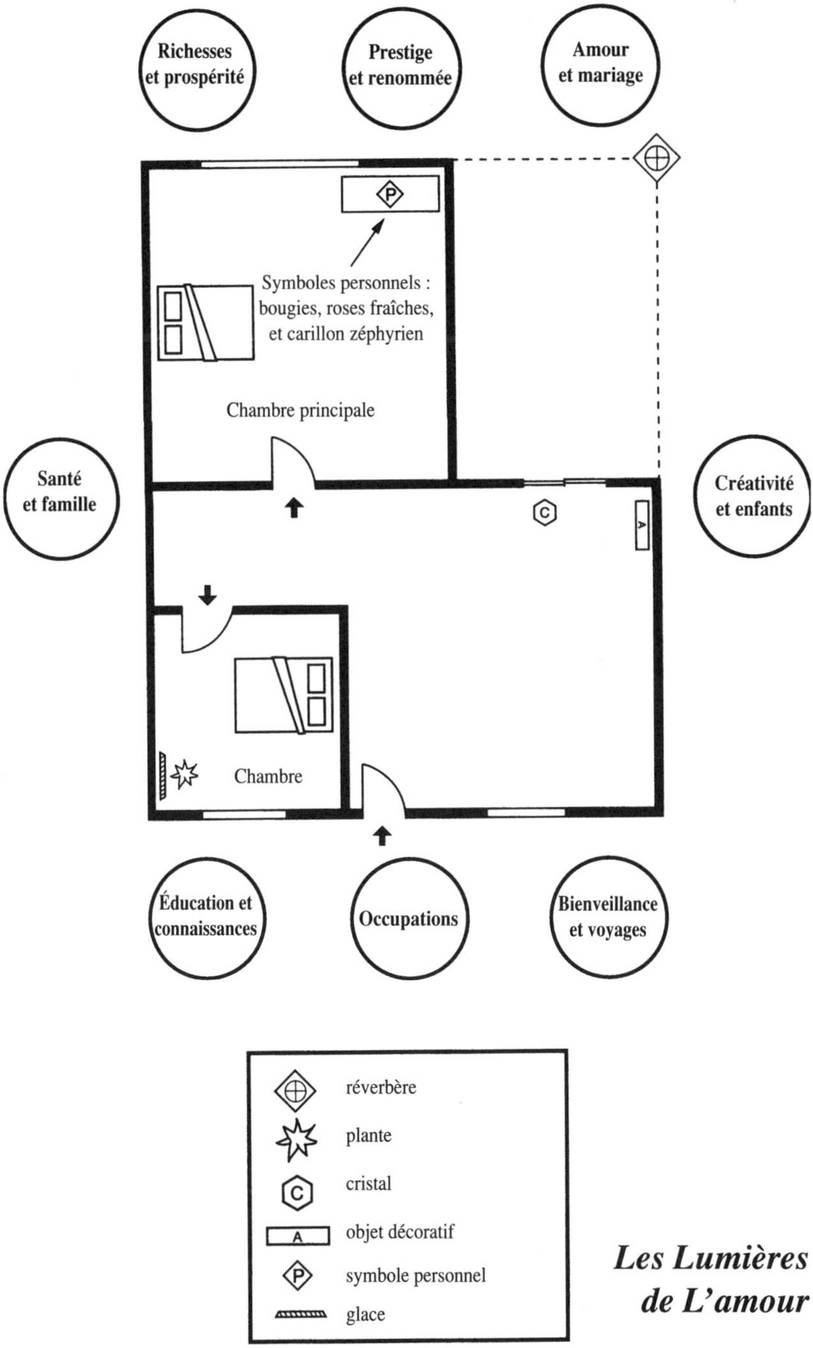

Les Lumières de L'amour

Traitements et résultats :

Comme le budget de Donna ne lui permettait pas de s'engager dans des frais importants, nous nous sommes repliées sur un remède simple et peu coûteux. Il suffisait d'installer un réverbère, à l'endroit exact où se serait trouvé l'angle de la maison, si elle avait été carrée ou rectangulaire. Jay savait comment s'y prendre, et promettait de s'en occuper aussitôt. Je leur recommandais de garder la lumière du réverbère allumée en permanence, afin « d'illuminer » le Ch'i qui reprendrait vie promptement.

Dans la salle à manger, en plein dans le secteur « Amour et mariage », Donna et Jay avaient accroché une affiche d'art abstrait, dans les tons de jaune foncé, de brun et de noir, et qui suggérait un homme à l'allure triste. L'affiche appartenait à Jay qui ne s'était jamais posé la question de savoir si elle lui plaisait ou non. Maintenant, il lui voyait un air bien triste, évoquant la solitude.

« Elle a fait partie de mon passé, mais à l'avenir, je n'en veux plus ! » a-t-il dit en la décrochant du mur, au grand soulagement de Donna.

Je leur ai suggéré d'intensifier ce coin, avec des tableaux ou des objets à tendance romanesque, qui leur plairaient à tous les deux. Dans sa chambre, Donna a décidé de mettre des bougies roses et rouges, un vase de roses fraîches, et de suspendre un carillon zéphyrien au son mélodieux. Une bien jolie manière de convier le Ch'i à venir s'installer auprès d'elle !

« J'aurai toujours des fleurs fraîches dans ma chambre, même lorsque j'aurai trouvé l'amour de ma vie ! » s'est-elle exclamée.

Quant à Jay, il avait nettement plus de mal à se décider. Il avait beau chercher quel genre d'objet pourrait bien lui évoquer l'amour, il ne trouvait pas. Toutes les suggestions qu'on lui faisait le laissait de marbre. Pour passer à autre chose, nous sommes allés visiter sa chambre. Un désastre. Des boîtes empilées n'importe comment dans son secteur « Amour et mariage », un futon pour tout mobilier, et un désordre indescriptible partout. Jay n'avait plus besoin de chercher, de midi à quatorze heures, son symbole d'amour idéal. Sa chambre réclamait plutôt un sérieux plan de redressement, à commencer par le placement du lit, et dès que possible, l'achat d'un mobilier de base.

« Il faut placer votre lit de façon à voir la porte, mais non pas tel qu'il est maintenant, en plein dans son axe de tir » lui ai-je expliqué. « Commencez par changer votre lit de place et par enlever toutes ces boîtes de votre section « Amour et mariage », et quand l'inspiration viendra, elle vous soufflera ce que vous devez y mettre pour l'intensifier. »

Ils se sont aussitôt mis à l'ouvrage, et dans la semaine, le réverbère était installé, avec sa belle lumière qui illuminait, enfin, tout le secteur « Amour et mariage ». Jay a poussé son lit dans l'espace suggéré de la chambre, et transporté toutes les boîtes dans le garage, où il rangerait leur contenu plus tard. Il continuait à buter sur le choix d'un symbole d'amour à placer dans sa chambre, quand il a « découvert » un ravissant miroir que ses grands-parents lui avaient laissé en héritage. Comme ils avaient formé un couple heureux, pendant plus de cinquante ans, cette glace s'avérait un symbole d'amour tout à fait approprié. Il l'a accroché dans sa chambre, en l'agrémentant d'un grand palmier en pot, qui lui rappelait ses escapades amoureuses. Pendant ce temps, Donna arrangeait sa chambre, bougies rouges, fleurs fraîches, carillon zéphyrien, rien n'y manquait, et continuait à chercher l'objet idéal à mettre dans la salle à manger.

Huit jours après notre entrevue, Donna a reçu un appel d'un garçon charmant, qu'elle avait rencontré à une soirée trois mois auparavant. Il venait tout juste de retrouver son numéro de téléphone, et demandait si elle consentirait à le revoir. Et comment ! Elle était si heureuse, qu'elle a couru vers le réverbère pour danser tout autour, comme s'il s'agissait d'un mât de cocagne.

« Le Ch'i bouge ! » s'est-elle exclamée.

Jay n'a pas eu à attendre bien longtemps, lui non plus. En faisant des courses, il s'est retrouvé, nez à nez, avec une amie perdue de vue depuis longtemps. Leur flamme amoureuse s'est rallumée sur le champ. C'est tout content de lui, qu'il m'a raconté « le fameux jour où la police des mœurs les avait surpris sur la plage ».

Et ce n'est pas tout. Un mois plus tard, Donna, recevant trop d'hommages masculins à son goût, décidait d'éteindre la lumière du réverbère durant la journée. Quant à Jay, il était très amoureux. De plus, sa chambre était devenue un modèle de « bon Feng Shui » grâce à l'aide précieuse de sa chérie.

Tout récemment, lorsque j'ai eu Donna au téléphone, elle m'a dit que Jay et sa petite amie avaient décidé de s'installer dans un endroit bien à eux. De son côté, il était question qu'elle parte s'installer dans une autre ville avec son fiancé. Nous avons pouffé de rire lorsqu'elle m'a rappelé qu'ils n'avaient jamais vraiment cherché l'objet idéal pour garnir la salle à manger, après avoir décidé qu'il y avait bien assez de Ch'i romanesque dans la maison !

▼▼▼

Le Temps Des Amours

Jenny n'était pas satisfaite de sa vie sentimentale. « Mes relations amoureuses ne durent pas, » se lamentait-elle. « Je suis sur le point d'annoncer à mon petit ami que je ne le verrai plus, car il y a trop de choses qui ne marchent pas entre nous. »

Jenny vivait dans un magnifique appartement en duplex. Le salon était très grand et joliment décoré d'un mélange harmonieux de choses contemporaines et anciennes. Dans le secteur « Amour et mariage » se trouvait la cheminée.

« Voulez-vous dire que vos relations ne durent que le temps d'un feu de paille, rapide, vif et qui s'éteint tout aussi vite ? » lui ai-je demandé.

« En quelque sorte, oui » a-t-elle répliqué. « En général, elles débutent pleines d'entrain, puis les choses commencent à se calmer, et mon intérêt se dissipe... »

J'ai observé les objets que Jenny avait placés sur le manteau de la cheminée. Il y avait deux topiaires identiques, en fleurs séchées. Telles des sentinelles magnifiques, elles montaient la garde de chaque côté du rebord de la cheminée.

Au milieu, prenant pratiquement toute la place qui restait, se tenait une grosse horloge ancienne en marbre noir.

« Depuis combien de temps cette horloge ne fonctionne-t-elle plus ? » lui ai-je demandé.

« Oh ! elle n'a jamais marché, même après qu'un horloger ait cru l'avoir réparée. Je n'arrête pas de me dire que je vais la donner, mais elle est si lourde et si peu commode à transporter, que je ne m'en suis pas encore occupée ».

J'ai expliqué à Jenny que la cheminée était située dans le secteur « Amour et mariage » et lui ai demandé de se placer devant, et de me dire ce qu'elle voyait. Elle m'a répondu d'un ton aigre « Je vois deux personnes qui sont séparées par quelque chose qui ne marche pas, n'est-ce pas merveilleux ? »

Traitements et résultats :

Jenny s'est approchée du rebord de la cheminée, et non sans effort, a réussi à pousser l'horloge sur l'un des côtés. Puis elle s'est emparée des deux topiaires qu'elle a disposées au centre. Elles étaient si proches l'une de l'autre, que leurs feuillages s'entremêlaient. Elle s'est reculée pour mieux contempler l'effet de sa nouvelle composition. « Quelle différence ! Mais l'horloge ne peut pas rester là » a-t-elle dit. Avant que je ne réalise ce qu'elle faisait, elle s'est promptement saisie de l'horloge... qui tout aussi soudainement s'est remise à fonctionner. Jenny n'en revenait pas. « Mais elle n'a jamais marché, » a-t-elle murmuré dans le bruit de tic-tac de l'horloge, qu'elle tenait encore dans ses bras. Elle l'a posée, tout doucement, sur une table plus bas. Son regard était fixé dessus.

« Qu'est ce que ça veut dire ? » dit-elle, alors que le battement du balancier continuait.

« Et pour vous Jenny ? » lui ai-je demandé.

Tremblante, les yeux écarquillés, elle a dit « Il est grand temps que je m'occupe de cette horloge, puisqu'elle est le symbole du fonctionnement de mes relations amoureuses ! »

Nous avons inspecté le reste de la maison. Dans sa chambre à coucher, une belle composition de fleurs en soie occupait l'espace associé à l'amour. Deux roses en jaillissaient curieusement. Elles avait l'air fâché, avec leurs têtes qui penchaient dans des directions opposées, comme si elles cherchaient à s'échapper l'une de l'autre. J'ai fait remarquer à Jenny cet étrange comportement, et elle s'est empressée de réunir les deux rebelles. Dans sa chambre, il y avait aussi deux ours en peluche, un sur le lit, l'autre sur une chaise. Leur présence semblait dire, « trop tard, la place est déjà prise ! » Je lui suggérais de les réunir pour en faire un symbole d'amour amusant, qu'elle pourrait placer sur une étagère, dans le petit salon de lecture. Je lui conseillais aussi d'acheter de nouveaux draps de lit dans des tons chauds, pêche, abricot, ou rose, pour bien signaler les débuts d'une aire amoureuse nouvelle.

D'autre part, je lui rappelai qu'elle pouvait intensifier tous les secteurs « Amour » à travers la maison. Il suffisait, pour cela, d'un vase avec des fleurs fraîches blanches, roses, ou rouges, de belles bougies dans les mêmes tons, ou de deux objets identiques. Ces accents significatifs activeraient le Ch'i de ses amours.

Nous nous trouvions maintenant dans le petit salon de lecture. Là, sur une table convertie en bureau, en plein dans la section « Amour et mariage » trônait une autre pendule ancienne qui ne marchait pas, elle non plus. En supplément, dans un cadre encastré dans sa base, se trouvait l'image d'une femme à l'apparence désespérée.

« Peut-on croire une chose pareille ? » s'est-elle écrié. « Une autre pendule en panne, et regardez cette femme, on dirait tout à fait moi ! » Elle s'est emparée de l'horloge pour la mettre derrière son dos. Nous avons éclaté de rire.

« Rien ne nous échappe, quand nous regardons à travers notre « œil Feng Shui » ai-je dit.

Le lendemain, Jenny donnait ses deux horloges à réparer. Lorsqu'elles les a récupérées, elle a disposé la grosse pendule noire dans le secteur « Occupations » de son bureau. Elle a remplacé la photo de la petite horloge par une autre qui représentait un couple heureux et l'a placée sur le manteau de sa cheminée. Pour compléter le tout, elle a ajouté deux chandeliers en cristal, ainsi qu'un petit tableau au sujet tout fleuri de cœurs.

Après avoir accompli l'ensemble des choses qu'elle s'était promise de faire, elle a décidé de donner une soirée pour réunir ses amis. Juste avant de venir, l'un deux l'a appelé, pour lui demander s'il pourrait venir accompagné de son frère Jason. La suite est facile à deviner. Jenny et Jason sont tombés en extase l'un devant l'autre, et ne se sont plus quittés depuis !

▼▼▼

Les Ennuis à Venir Étouffés dans L'œuf

Meg et David était mariés depuis moins d'un an. Ils avaient joyeusement délaissé leur minuscule appartement en location, pour avoir le bonheur de vivre « chez eux », malgré les nombreuses réparations à faire pour rendre la maison confortable.

Meg se doutait que la maison ne possédait pas un « bon Feng Shui », car tous les propriétaires précédents avaient fini par y divorcer, du temps où ils y vivaient encore. Elle m'a appelée pour une consultation de Feng Shui et pour bénir la maison.

Les réparations à faire ne manquaient pas, loin s'en faut. Parmi celles du voisinage, la maison se faisait tout particulièrement remarquer par son jardin

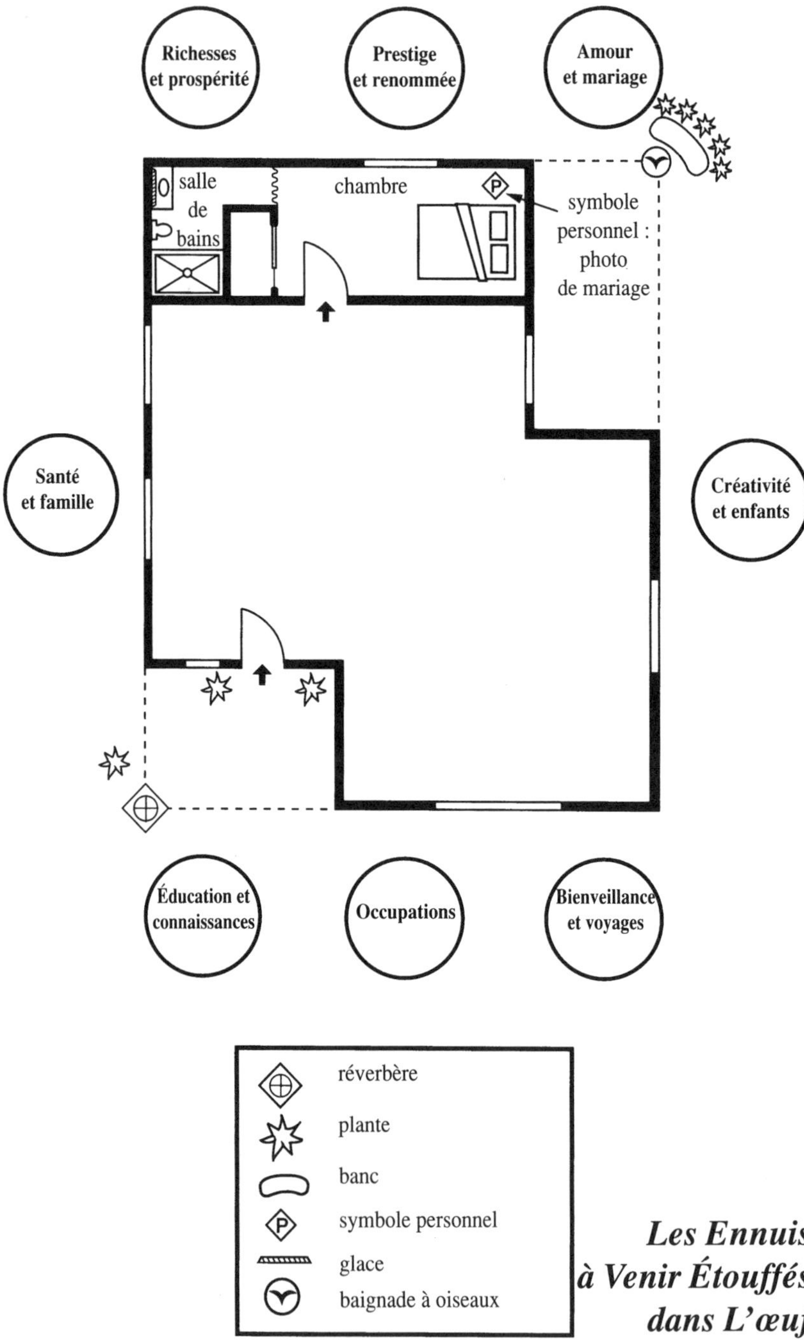

Les Ennuis à Venir Étouffés dans L'œuf

laissé en friche, où ne poussait plus que des herbes folles clairsemées sur le terrain crayeux. Le garage faisait saillie à l'avant de la maison, ce qui laissait les secteurs « Éducation et connaissances » et « Amour et mariage » en plein air. Nous étions bien d'accord pour dire que le travail ne manquerait pas. La qualité du Ch'i en avait rudement besoin.

Traitements et résultats :

Nous avons longuement discuté des moyens qui permettraient de compléter la forme de la maison. Le secteur « Éducation et connaissances » se trouvait situé sur les bords d'une sorte de terrasse qui pourrait, éventuellement, être agrandie pour inclure ce secteur. Un toit viendrait donner de la substance à l'ensemble. Comme l'avant avait besoin d'une source de lumière, je suggérais à Meg et à David d'installer un réverbère, dans le coin, aussitôt que possible. La lumière illuminerait ainsi le secteur « Éducation et connaissances » en y ravivant le Ch'i. Des pots de fleurs aux couleurs vives mis au pieds du réverbère, ainsi qu'à l'avant de la maison près de la porte, réveilleraient encore mieux le Ch'i. J'ai aussi demandé à ce que toutes les mauvaises herbes soit immédiatement arrachées, même si la terre devait rester encore nue quelques temps. Tout ceci amorcerait le procédé de renouvellement du Ch'i, en améliorant déjà grandement sa qualité.

Le secteur « Amour et mariage » se trouvait relégué à l'arrière de la maison, occupant un espace nu et désolé. Un endroit tout ce qu'il y avait de repoussant. Aucune fenêtre ne donnait dessus, et même le reste du « jardin » ne semblait pas l'inclure. Je leur ai demandé ce qu'ils aimeraient y placer. Il fallait que ce soit quelque chose au caractère « romanesque » et qui ne manque pas de substance. David a immédiatement songé à un banc, sur lequel ils pourraient s'asseoir tous les deux, au soleil couchant. Quant à Meg, elle voyait déjà un sanctuaire à oiseaux qu'elle attirerait par le bassin d'eau, et les récipient à graines, qu'elle comptait placer dans une belle nature, laissée à l'état sauvage. David a soudainement réalisé qu'il voulait en faire une roseraie, un rêve qui le poursuivait depuis longtemps, bien qu'il n'ait jamais possédé de terre. Je leur suggérais d'acquérir, le plus vite possible, le grand bain à oiseaux, et de continuer à partir de là.

A l'intérieur, leur chambre à coucher avait bien besoin qu'on s'occupe d'elle aussi. Il n'y avait qu'un seul endroit possible pour y mettre le lit, et c'était face à la salle de bains. Lorsqu'ils étaient couchés, la vue qui s'offrait à Meg allait jusqu'au fond de la salle de bains, alors que celle de David s'arrêtait net au placard encastré, dont les portes coulissantes étaient tout en miroir.

« Je vous prédis bien des scènes en perspective, à vivre dans une pièce qui vous offre des points de vue aussi diamétralement opposés ! » leur ai-je dit.

« Mais c'est déjà comme ça ! » s'est exclamée Meg. « Depuis que nous sommes installés là, nous nous disputons souvent, nous en avons même fait la remarque. »

Je leur ai recommandé d'installer un rideau pour masquer l'espace, sans porte, qui menait dans la salle de bains et de lui donner une largeur suffisante pour qu'il recouvre également toutes les portes en glace du placard. À moins qu'ils ne décident de les remplacer par des portes normales.

Je leur ai expliqué que les miroirs dans les chambres épuisent le Ch'i des gens qui y dorment. De plus, dans leur cas, il y avait bien assez de miroirs dans la salle de bains pour que ceux du placard ne leur fassent pas défaut. Je leur ai également suggéré de placer un symbole « romantique » du côté du lit de Meg, dans le secteur « Amour et mariage » de la pièce. Meg y a aussitôt disposé la photo de leur mariage.

C'était parfait.

Très peu de temps après notre rencontre, David est parti au loin, en voyage d'affaires, et en a rapporté deux gros rouleaux de soie sauvage dans des tons naturels. Pendant qu'il était parti, Meg a fait remplacer les portes du placard en glace, par des portes en bois. Lorsque David est rentré, ils ont fabriqué de simples rideaux avec l'étoffe en soie pour parer l'entrée de la salle de bains. L'atmosphère de leur chambre à coucher s'est immédiatement transformée, plus confortable, plus intime et ils se sont vite aperçu que leurs querelles avaient cessé. David a installé un réverbère qui illuminait joliment le secteur « Éducation et connaissances » et placé un banc, ainsi qu'un grand bain à oiseaux dans le secteur « Amour et mariage ».

À la venue du printemps, David a enfin pu réaliser son rêve. Il a planté une magnifique variété de roses dans un lit de bonne terre, en faisant en sorte « d'enlacer la maison, le banc, et nous avec ! » a-t-il dit. C'est ainsi que Meg et David ont « étouffé leurs ennuis à venir dans l'œuf » et qu'ils forment, encore aujourd'hui, un couple heureux, enveloppé dans un Ch'i bienveillant qu'ils continuent à « chouchouter » en embellissant leur maison, de jour en jour, encore mieux.

L'Accentuation personnalisée du secteur « Amour et Mariage »

Pour intensifier ce secteur, vous pouvez n'utiliser qu'une seule chose, ou en combiner plusieurs à la fois :

- Des affiches, tableaux, collages, photos, sculptures où figure l'élu de votre cœur.
- Deux choses identiques, symboles d'amour, ou en couple, colombes, dauphins, cœurs, etc.
- Des choses de couleur rouge, rose ou blanche.
- Citations ou dictons faisant référence à l'amour et au mariage.
- Des choses personnelles sentimentales, souvenirs de vacances en amoureux, de lune de miel, cadeaux de mariage.

▼▼▼

Affirmations Reliées au Secteur « Amour et Mariage »

Choisissez parmi les affirmations suivantes, celle qui vous inspire le mieux (ou créez-en une vous-même). Notez-la, et placez-la dans un secteur « Amour et mariage » de votre maison, bureau, ou chambre, par exemple.

J'attire la joie, l'amour et l'intimité dans ma vie.

Je m'aime, je me respecte et j'honore mes désirs.

Je suis constamment entouré d'amour.

J'aime être aimé et aimer moi-même.

Je suis un être attirant, aimant et joyeux.

Ma vie amoureuse est pleine de joie et de passion.

Par l'âme, l'esprit, et la pensée, je suis (uni à l'élu de mon cœur, maintenant et pour toujours.

▼▼▼

SECTEUR DU BAGUA

CRÉATIVITÉ ET ENFANTS

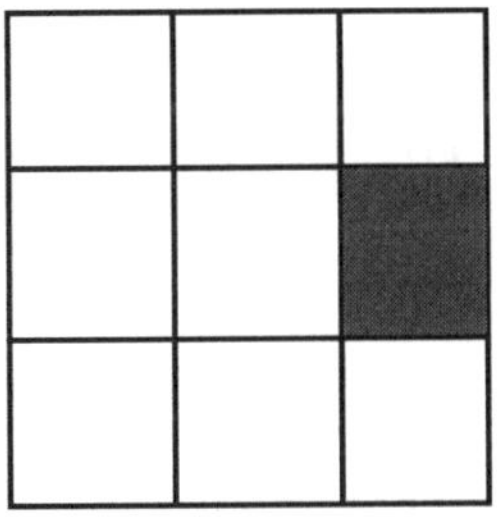

Le secteur « Créativité et enfants » est situé sur le côté droit de la structure sur laquelle vous travaillez, à mi-chemin entre « Amour et mariage » au fond et « Bienveillance et voyages » à l'avant (voir la grille du Bagua page 58)

La Sagesse du Yi-King pour le Secteur « Créativité et Enfants »

Le trigramme *Tui* du Yi-KIng, veut dire « Le lac joyeux ». Il est associé au plaisir, à la générosité, et aux encouragements. Le fond de cet enseignement parle de l'importance de soutenir les autres de façon à ce qu'ils puissent se réaliser pleinement, car nous en retirons, nous aussi, notre part de réussite et de plaisir. Les parents connaissent bien la satisfaction qu'ils ont à encourager gentiment leurs enfants dans l'apprentissage de la vie, et quand ceux-ci grandissent en s'épanouissant. C'est du pareil au même, en ce qui concerne notre réalisation personnelle. Nous avons tout autant besoin d'une bonne dose d'encouragement et de l'admiration des autres, tout comme « d'une légèreté de l'être » pour nous épanouir complètement. Dans n'importe quel cas, un apprentissage s'effectuera toujours joyeusement, quand on y joint la gentillesse, et que l'on n'est pas avare de compliments sincères.

▼▼▼

Intensifiez votre secteur « Créativité et enfants » lorsque :

- Vous désirez concevoir un enfant.
- Vous désirez exprimer votre créativité dans un domaine particulier.
- Vous travaillez actuellement sur un projet créatif.
- Vous vous sentez bloqué, vous manquez d'inspiration.
- Vous désirez explorer et développer les qualités de l'enfant qui dort encore en vous.
- Vous désirez améliorer les rapports avec vos enfants.

Les belles histoires du quadrant « Créativité et enfants »

PIÈCE À CRÉER

Bonnie se sentait frustrée dans son travail d'artiste. Elle possédait tout ce qu'il lui fallait pour exprimer son art, sauf que la place lui manquait. Elle vivait, toute seule, dans près de deux cent mètres carrés, qui paraissaient bien mal la servir. Il y avait un très grand salon, une salle à manger de bonne taille, et une toute petite pièce, dans laquelle elle avait entassé tout son matériel, ainsi que son bureau. Le jour précédant notre rendez-vous, elle avait fait tout son possible pour organiser cette zone. Malgré tout, il était difficile de ne pas s'y sentir à l'étroit, avec tous ces meubles qui occupaient l'espace, tables à dessin, dossiers, etc. L'accumulation s'étendait jusqu'au garage, qui menaçait de déborder, sans plus laisser de place à la voiture. J'ai tout de suite vu qu'il nous faudrait discuter d'un usage approprié de l'espace. Ce qui m'a paru particulièrement intéressant, c'était de constater l'emplacement de la section « Créativité » qui occupait tout le salon. Comme Bonnie vivait toute seule, je savais qu'elle aurait tout loisir d'arranger la maison à sa guise, voire même, de façon peu conventionnelle.

Nous nous sommes assises pour discuter de son style de vie. Se servait-elle de son salon pour y recevoir ses amis ? Non, car en fait, ils préféraient se réunir autour de la table de la cuisine. Avait-elle besoin d'une salle à manger ? non, elle s'en servait rarement. En discutant avec elle, je notais, clairement, qu'elle était préoccupée par quelque chose. D'un air renfrogné, elle n'arrêtait pas de regarder vers sa petite zone de travail.

« Mais alors, qu'est-ce que je vais bien pouvoir faire de CETTE pièce ? » laissa-t-elle échapper, en montrant l'endroit d'un signe de tête.

« Pourquoi pas un salon ? » lui ai-je suggéré.

« Mon salon là ! Et qu'est-ce que je vais faire du vrai salon ? a-t-elle demandé d'un ton brusque.

« Que pensez-vous de transformer le « vrai salon » en atelier, et la « vraie salle à manger » en bureau ? » lui ai-je proposé.

Bonnie n'en revenait pas, elle était stupéfaite par toutes les possibilités qui s'offraient à elle. « Mais comment ai-je fait pour ne pas y songer ? Quand je pense que je me suis entassée dans un coin de la maison, en laissant toute l'autre partie vacante ! »

Traitements et résultats :

Plus Bonnie pensait à toutes les possibilités qui s'offraient à elle, et plus elle s'agitait de joie. Je lui suggérais de mettre les grandes tables à dessin au milieu du salon, de façon à avoir de la place pour tourner tout autour. Comme il y avait de grands murs nus, elle pourrait poser des étagères où ranger tout son matériel. Ceci sous-entendait, qu'enfin elle aurait tout à portée de main, dans une pièce spacieuse, et que sa voiture pourrait, elle aussi, profiter des changements, en récupérant la place qui lui était due, dans le grand garage. L'idée d'avoir un bureau séparé lui plaisait énormément. Nous avons tout passé en revue, tables, meubles, dossiers, sans oublier le reste, et décidé où tout serait placé dans la nouvelle attribution des pièces.

Elle a aussitôt engagé deux hommes forts pour l'aider à tout changer de place. Cinq jours plus tard, elle admirait son œuvre terminée. Le nouvel atelier ressemblait au rêve de tout artiste. Spacieux, aéré, et plein de couleurs, c'était la créativité même. Son bureau était efficacement organisé, et lui donnait une très jolie vue sur le jardin. Mais la plus grande surprise de toutes, c'était la petite pièce, que Bonnie avait toujours connue remplie de meubles qui l'empêchait de circuler. Soudainement, voici qu'elle s'était métamorphosée en un endroit cosy et plein de vie, où elle avait envie de se relaxer le soir. De plus, boudant maintenant la table de la cuisine, ses amis s'installaient là aussi.

Tout comme le Ch'i, qui s'en donnait à cœur joie à travers toute la maison, Bonnie exprimait sa créativité à tout va. Tout en continuant son travail de graphiste, elle commençait d'explorer ses talents de peintre et d'écrivain. Allant de découvertes en découvertes sur sa propre créativité, Bonnie a soudainement développé un cours d'art créatif, qu'elle a décidé de donner chez elle le soir. La nouvelle s'est très vite répandue, et bientôt, elle réunissait dans son vaste atelier d'importants groupes d'artistes en herbe. Ceux-ci avaient tout loisir d'explorer, sous bonne tutelle, leurs dons littéraires, ou leurs talents de dessinateur ou de peintre. À l'heure actuelle, Bonnie donne de nombreux cours sur la créativité, en dispensant librement ses trouvailles avec ses étudiants, et en les encourageant à s'exprimer librement. Parmi eux, nombreux sont ceux qui, pour la première fois de leur vie, osent enfin prendre un crayon pour dessiner. Elle débute chaque classe en s'exclamant « Soyez les bienvenus dans la cour de récréation, amusez-vous, et laissez éclore toute votre créativité, la place ne manque pas ! »

▼▼▼

La Galerie de Photos

La nouvelle maison d'Ellen était encore vide, lorsqu'elle fit appel à mes services. Elle désirait que je lui donne des conseils sur la meilleure façon de placer ses meubles, afin de créer un passage favorable à l'harmonieuse circulation du Ch'i.

Sa maison était située dans un domaine clos, uniquement occupé par d'attrayantes demeures, montées en duplex. Les rues passaient à l'arrière des maisons pour donner un accès facile aux garages, avec l'idée de donner aux gens une entrée directe dans leur maison, c'est-à-dire, sans qu'ils aient à passer par la grande porte de devant. Celles-ci ne pouvaient être approchées qu'en faisant le tour des maisons, le long d'un chemin qui serpentait à travers un ravissant jardin paysager. Cette conception, bien que magnifique, m'a étonnée par son côté inhabituel qui obligeait les visiteurs à marcher, près de deux minutes, pour parvenir à la porte d'entrée.

« Avez-vous l'intention de faire passer les gens par ce chemin pour arriver jusqu'à votre porte ? » lui ai-je demandé.

« En fait, j'ai l'intention de laisser la porte du garage ouverte quand j'attendrai quelqu'un. » m'a répondu Ellen.

« Pourquoi ? Votre porte d'entrée est la « bouche » du Ch'i de votre maison qui s'en nourrira lorsque vous l'utiliserez régulièrement. » ai-je répondu.

Nous avons discuté de l'importance de passer par cette porte, et de l'ajustement mental qui s'imposait, aussi bien pour elle que pour ses amis. Elle pensait qu'ils n'auraient certainement aucune objection à emprunter ce ravissant passage, d'autant plus que la promenade leur donnerait l'occasion de se relaxer avant d'arriver chez elle.

« Je vous recommande d'installer un grand bain à oiseaux à l'avant de votre propriété, non seulement pour les attirer, mais aussi pour symboliser la pièce d'eau, traditionnelle en Feng Shui. Ce bain produira une abondance de Ch'i et agrémentera la vue que vous avez du salon. » lui ai suggéré.

À l'intérieur, la maison avait tout pour elle. Le grand salon s'avérait l'écrin parfait pour sa collection d'art ethnique, tandis que les confortables canapés de couleur crème, les tapis colorés et le piano droit, compléteraient l'ensemble. L'accueil dans cette pièce serait fabuleux.

« À propos d'intensifier le Ch'i » a dit Ellen, « Je veux faire en sorte qu'il améliore ma créativité. J'attends vos conseils pour savoir dans quelle pièce du haut je dois installer mon atelier. Mes enfants sont grands à présent, et j'ai le temps de peindre à nouveau. »

« Vous reprendrez certainement un très bon départ, puisque vous serez entourée de tous vos magnifiques objets d'art. » lui ai-je dit.

Nous sommes montées à l'étage, et en deux minutes, nous avions choisi la pièce qui servirait d'atelier. Spacieuse, inondée d'une lumière fabuleuse, la pièce se situait en plein dans le secteur « Créativité et enfants » de la maison. Ellen était ravie. Nous avons discuté du meilleur emplacement pour les meubles. La table de travail serait placée en diagonale, pour avoir, en même temps, la vue sur la porte et sur la fenêtre, avec le placard juste derrière. Le chevalet, ainsi que le matériel de peinture, seraient placés près de la fenêtre pour lui offrir un bon éclairage. De là, elle pourrait aussi avoir une bonne vue sur la porte.

En bas, juste sous l'atelier, se trouvaient la buanderie, ainsi que l'entrée dans la maison depuis le garage. C'est là que le Ch'i avait vraiment besoin d'un bon coup de pouce. Telle qu'elle était, la lourde porte à ressorts rendait le passage difficile, voire dangereux, quand on se laissait prendre de vitesse. De plus, elle s'ouvrait sur un espace confiné, entre un mur et les machines à laver et à sécher. Il n'y avait aucun interrupteur près de la porte. Pour allumer le plafonnier, il fallait s'engager dans le noir, avant de le trouver derrière le coin du mur. Nous avons imaginé la scène, les bras chargés de paquets, tout en se battant avec la lourde porte. Mauvais Feng Shui !

« Cet endroit est un coin très important de la maison » lui ai-je dit, « Vous passerez par là tous les jours, et vous y ferez aussi votre lessive. D'autant plus important, qu'il est également associé au secteur « Créativité » de la maison, un aspect de vous-même que vous désirez explorez tranquillement et non pas en luttant. Je vous recommande de faire enlever les ressorts de la porte, d'améliorer l'éclairage, et d'accrocher des tableaux qui vous plaisent vraiment beaucoup, voire même, qui soient une constante source d'inspiration.

Le regard d'Ellen s'est allumé « Je sais déjà ce que je vais faire ! » s'est-elle exclamé. « je vais transformer cet endroit en galerie, où j'exposerais les photos de mes enfants et petits enfants, j'en ai des cartons plein. C'est l'endroit parfait ! »

Traitements et résultats :

Ellen a emménagé deux semaines plus tard. La première chose qu'elle a fait installer, c'est le grand bain à oiseaux à l'avant de la maison. Puis elle s'est occupée d'arranger son atelier comme prévu, car elle désirait pouvoir croquer les différentes étapes de son emménagement, le casse-croûte avec les déménageurs, le masque africain pas encore accroché, la première baignade d'un oiseau. Elle s'est sentie immédiatement chez elle, et pleine d'inspiration. Dans la buanderie, elle a fait enlever le ressort de la lourde porte, changer le plafonnier pour un éclairage par des spots, puis s'est vraiment amusée en regardant les montagnes de photos de ses enfants et petits enfants qui étaient restées emballées, depuis de nombreuses années. Elle a choisi celles qui lui plaisaient le mieux pour les faire encadrer, et en a recouvert tous les murs.

Lors d'une récente conversation, Ellen m'a dit qu'elle n'avait jamais été aussi heureuse. Ses talents d'artiste se confirmaient et elle adorait peindre.

« Vous auriez dû voir la tête de mon fils quand il a vu toutes les photos exposées dans ma galerie » a-t-elle dit. « Il n'arrivait pas à comprendre pourquoi je les avais cachées dans la buanderie. Il a pris ce geste comme une insulte. Il a fallu que je lui explique pourquoi je les avais mises là, et qu'en plus, cela me permettait de les voir tous les jours. Depuis, il en a fait tout autant chez lui ! »

L'Accentuation personnalisée du secteur « Créativité et Enfants »

Pour intensifier ce secteur, vous pouvez n'utiliser qu'une seule chose, ou en combiner plusieurs à la fois :

- Des affiches, tableaux, collages, photos, ou sculptures où figurent des enfants (ou créées par eux) ou qui soient source d'inspiration.
- Des fournitures et du matériel utiles à une création, comme du tissu pour faire un quilt, ou des tubes de peinture et des pinceaux pour créer un tableau
- Des objets saugrenus, des jouets, des animaux en peluche.
- Des objets de couleur blanche ou de tons pastel.
- Des objets de forme circulaire, ovale ou en arche.
- Des choses en métal, cuivre, acier, étain, argent, aluminium, cuivre, etc. pour meubles, bougeoirs, cadres, statuettes, lampes et bijoux, etc. ;
- Citations ou dictons faisant référence aux enfants ou à la créativité ;
- Des choses personnelles associées aux enfants ou à la créativité, comme celles faites à la main, ou des souvenirs de votre enfance.

Affirmations reliées au secteur « Créativité et Enfants »

J'exprime ma créativité facilement et joyeusement.

Ma créativité jaillit librement quand je m'exprime pleinement.

Je suis un artiste au talent unique.

Mes enfants sont en sécurité et heureux, de même que l'enfant qui dort toujours en moi.

J'encourage joyeusement mes enfants qui se développent en s'exprimant pleinement. Il en est de même pour l'enfant qui dort toujours en moi.

J'ai confiance en la profonde sagesse qui me guide, tout au long de la route, en m'inspirant une créativité à jamais parfaite.

*Je respecte mes besoins d'expression créative, et je m'accorde, joyeusement, le temps et l'espa*ce qui leurs sont nécessaires.

▼▼▼

SECTEUR DU BAGUA

BIENVEILLANCE ET VOYAGES

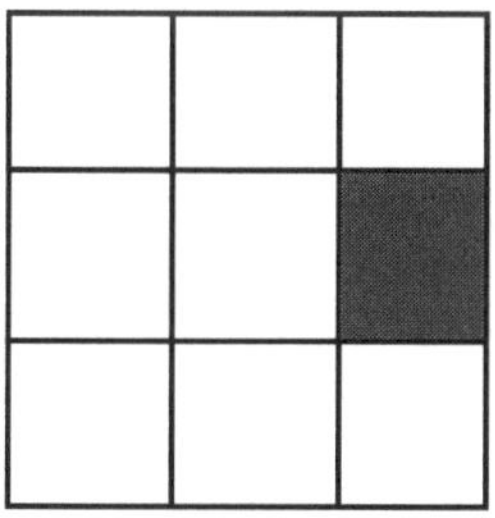

Le secteur « Bienveillance et voyages » est situé à l'avant, et à droite de la structure sur laquelle vous travaillez (voir la grille du Bagua page 58)

La sagesse du Yi-king pour le secteur « Bienveillance et Voyages »

La bienveillance et les voyages sont deux aspects de la vie associés au trigramme Chien, qui veut dire « Le ciel ». En tant que trigramme le plus yang, le plus actif de tous les trigrammes, le « Ciel » possède des facultés de puissance, de synchronisation, d'inspiration et de confiance. Le trigramme Chien nous rappelle que nous sculptons nos vies par nos actions. L'action appropriée nous vient de notre intuition, et de notre intelligence, travaillant harmonieusement à l'unisson. Nous savons que nous sommes sur le bon chemin quand nous considérons les gens que nous rencontrons, comme des « anges », et les endroits où nous sommes, comme des « paradis ». Quand ils sont orchestrés synchroniquement, les gens nous guident, et les endroits nous inspirent, en nous marquant de façon sympathique, ce qui nous aide à manifester notre destinée. Beaucoup de personnes sont en mesure de relater le nombre de fois, où leurs vie a soudainement pris une tournure favorable, grâce à une rencontre fortuite et parfaitement inespérée. Touchés par ce coup de pouce du destin, cette aide du ciel, nous nous trouvons soudainement au bon endroit, au bon moment, en compagnie de la bonne personne. C'est dans ces instants que nous sentons les forces du ciel se rapprocher pour nous aider à progresser, avec grâce et aisance, sur le chemin de la vie.

Intensifiez le secteur « Bienveillance et voyages » lorsque :

- Vous désirez attirer des gens utiles dans votre vie, conseillers, clients, employés, collègues, etc.
- Vous désirez voyager un peu partout, ou vous rendre dans un endroit particulier.
- Vous aimeriez vous rapprocher de votre religion ou de votre système spirituel de croyance ou de ces « êtres de l'au-delà » qui nous guident et nous protègent, et qui sont le « nec plus ultra » de la bienveillance et de l'efficacité.
- Vous désirez changer de maison ou de travail.

Les belles histoires du quadrant « Bienveillance et Voyages »

La roue de Fortune du Potier

Andréa avait le sentiment d'être en train de se noyer dans sa propre réussite. En tant que potier bien connu, elle était submergée de commandes spéciales et d'expositions à donner. Afin de satisfaire la demande, elle avait engagé plusieurs employés, mais aucun ne fournissait un travail qui lui convenait. L'un était toujours absent, tandis que les autres ne parvenaient pas à faire un bon travail, sans qu'on soit constamment sur leur dos. Pour conclure, elle avait acheté une maison dans une autre région, mais sans parvenir à s'y installer, car ses départs étaient toujours empêchés par des problèmes de santé, et ce, depuis plus d'un an. « À l'aide ! » s'est-elle écriée au téléphone.

« Dès mon arrivée en voiture, j'ai tout de suite noté que la maison d'Andréa était bâtie en forme de « L », avec le secteur « Bienveillance et voyages » en plein sur le parking, couvert de gravier. Andréa m'a accueilli à la porte, et nous avons aussitôt fait le tour de la maison, puis visité son atelier, ainsi que toute la zone de travail, avec ses grands fours, qui s'étendait à l'extérieur. Durant ma visite, j'ai remarqué que deux salles de bains occupaient le secteur « Santé et famille », l'une servait exclusivement aux employés, l'autre ne servait à personne.

Traitements et résultats :

Sachant qu'Andréa prévoyait de partir s'installer ailleurs, il n'était pas question de s'attaquer à d'importants travaux de structure. En vue de compléter symboliquement la maison pour y inclure le secteur « Bienveillance et voyages », nous avons inspecté les lieux à la recherche de quelque chose qu'elle posséderait déjà. Notre choix s'est porté sur un grand arbre, encaissé dans un gros pot de terre, que nous avons soigneusement relocalisé à l'angle exact, où se trouverait la maison, si elle avait été carrée ou rectangulaire. Nous avons arrangé d'autres plantes tout autour, ainsi que des briques en terre cuite pour donner plus de substance à l'ensemble. Ensuite, nous sommes entrées dans la maison pour y localiser tous les secteurs « Bienveillance et voyages ». J'ai porté une attention toute particulière à la zone occupée par les employés. Il s'agissait clairement d'un lieu de travail, rempli d'étagères poussiéreuses, et de poteries en train de sécher.

Pour intensifier le secteur « Bienveillance » de la grande pièce, elle était d'accord pour laisser les employés choisir ce qui leur plairait. Il paraissait évident que cet espace de travail manquait de Ch'i. Pour le ranimer, il suffisait d'introduire des touches de couleur. Andréa à pensé qu'elle ferait agrandir des photos de ses créations pour les placer dans les secteurs « Occupations », « Prestige et renommée », « Richesses et prospérité » et « Créativité et enfants ».

Pour ajuster le secteur « Santé et famille » dans la salle de bains des employés, je lui conseillai d'y mettre une belle plante bien saine, de punaiser quelques affiches colorées au mur, de débarrasser le plancher du bois à fours qui était entreposé là, de placarder une affichette, qui rappellerait à tous, de fermer le couvercle des toilettes après usage, et pour finir, de nettoyer la salle de bains à fond. Puis nous avons inspecté l'autre salle de bains, celle qui ne servait jamais. La pièce était grande et ensoleillée, la baignoire rutilante, et elle était munie d'un grand placard. Comme elle était loin de sa chambre, Andréa n'avait jamais songé à l'utiliser, et l'avait pratiquement condamnée. Je lui suggérais de l'arranger magnifiquement pour en faire ses thermes privées. Elle pourrait venir s'y prélasser, après une longue journée de travail. L'idée lui a tout de suite plu. C'était d'autant plus facile qu'elle avait déjà fait l'emplette de multiples accessoires de bain, pour sa nouvelle maison. Elle décida de les déballer sans plus tarder.

Dans le secteur « Santé et famille » de sa chambre, se trouvait un mur nu, sali par des traces de tableaux. Pensant déménager très vite, Andréa avait déjà enlevé les jolis tableaux qui s'y trouvaient, il n'y avait donc plus qu'à les remettre en place.

« Ne commencez pas à emballer les choses que vous aimez, trop en avance » lui ai-je conseillé. « Les choses qu'on aime font circuler le Ch'i qui peut, ainsi, continuer à nous enrichir durant ces moments de transition ».

Dans le secteur « Bienveillance et voyages » de sa chambre, je lui suggérai d'accrocher des photos de sa nouvelle maison, de manière à faire activer son déménagement. Quatre jours plus tard, Andréa m'a appelée. D'une traite, pratiquement sans reprendre son souffle, elle m'a raconté tout ce qui s'était passé dans ce court laps de temps. Le surlendemain de notre rendez-vous, un nouvel employé s'était présenté, comme par enchantement. Depuis, il avait fait venir deux acolytes qui s'avéraient précieux. Quant aux anciens employés, ils n'avaient pas perdu de temps pour rapporter des objets personnels de chez eux, et les avaient déjà placés dans le secteur « Bienveillance et voyages » de l'atelier. À présent l'endroit était plein de couleurs et de vie, grâce aux images de la Vierge Marie, de Jésus et des nombreux saints qui l'ornaient. Andréa avait aussi accroché quelques grandes affiches de ses créations, et d'autres suivraient bientôt. L'atmosphère de l'atelier en était déjà bien transformée, me dit-elle.

Andréa avait décidé d'utiliser la salle de bains des employés, comme lieux d'expérimentation du Bagua. Comme mentionné, Le bois pour nourrir les fours, se trouvait entreposé dans le secteur « Créativité et enfants » de la pièce. En l'enlevant de là, elle a découvert qu'il servait de repère à des colonies d'insectes de toutes sortes. Elle a bouché tous les trous, et installé, à la place du bois, une amusante commode peinte, dans laquelle elle a rangé du matériel. Elle a orné le secteur « Santé et famille » d'une magnifique plante bien saine, accroché une affiche illustrant deux colombes dans le secteur « Amour et mariage », et suspendu un carillon zéphyrien dans le secteur « Richesses et prospérité ». Puis elle s'est empressée de transformer l'autre salle de bains, en « thermes » luxueux, où depuis, elle se détend, chaque soir, dans des bains moussants et parfumés.

Elle m'a demandé « Que dois-je faire de tous ces gens qui veulent travailler pour moi maintenant ? Je suis passée de trop peu de monde, à bien trop ! » Je lui ai répondu « Laissez-les vous aider à empaqueter ! »

▼▼▼

AMY

Au moment où elle s'y était installée, la maison qu'Amy avait louée paraissait l'endroit idéal. Comme la place ne manquait pas, elle pourrait continuer à travailler depuis chez elle, et même prendre un colocataire. Tout était parfait, ou presque, car elle ne trouvait personne avec qui partager la maison. Des gens avaient bien emménagé, mais tous très brièvement. En fait, il s'agissait d'un perpétuel va-et-vient. Amy

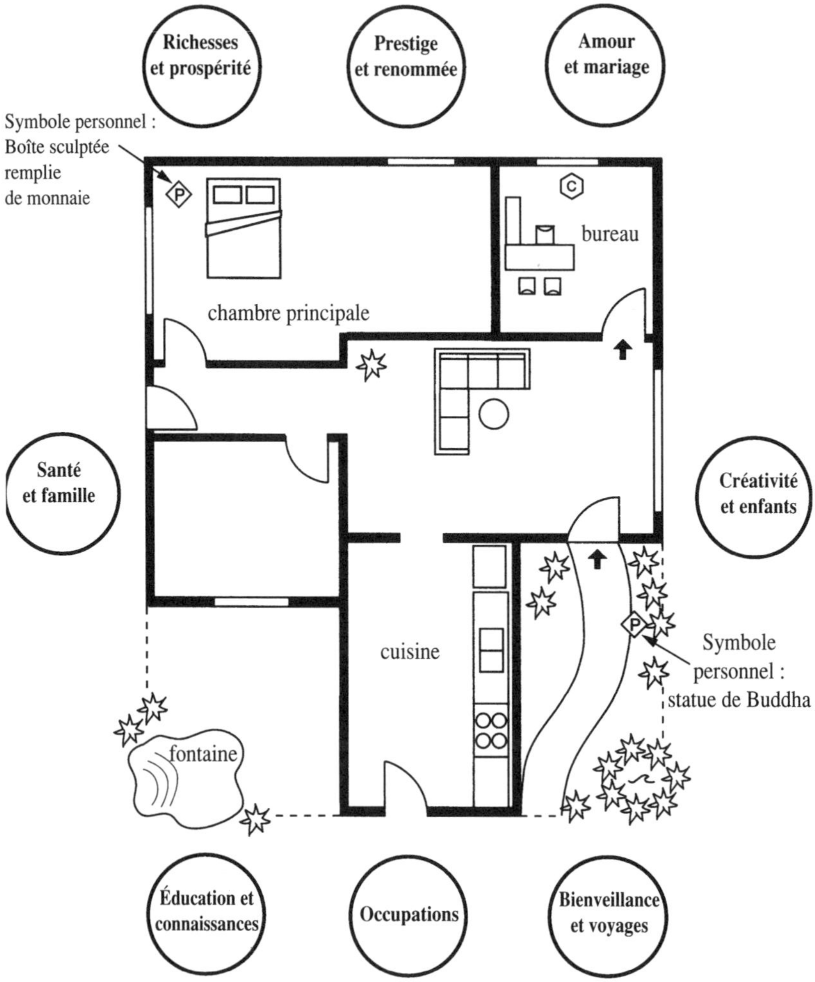
Richesses et prospérité
Prestige et renommée
Amour et mariage
Symbole personnel : Boîte sculptée remplie de monnaie
bureau
chambre principale
Santé et famille
Créativité et enfants
cuisine
Symbole personnel : statue de Buddha
fontaine
Éducation et connaissances
Occupations
Bienveillance et voyages

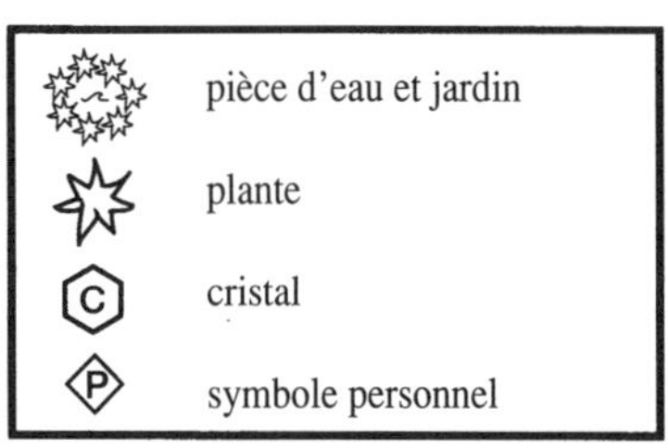
pièce d'eau et jardin
plante
cristal
symbole personnel

Amy

avait aussi remarqué que son travail n'était plus aussi lucratif qu'avant, les factures impayées s'amoncelaient, et ses clients se plaignaient sans juste cause. Il était temps de faire appel au Feng Shui.

Comme la maison d'Amy était bâtie en forme de « T », les secteurs « Bienveillance et voyages » et « Éducation et connaissances » se trouvaient à l'extérieur de la structure.

Du côté « Éducation et connaissances », il y avait un bassin avec une chute d'eau, et un passage qui menait à une porte derrière la maison. Le coin était bien entretenu et la pièce d'eau était magnifique. Par contre, de l'autre côté, dans le secteur « Bienveillance et voyages » tout restait à faire. Le lieu consistait en un passage, peu engageant, qui conduisait à la porte d'entrée. Par endroits, se notaient encore quelques efforts passés de jardinage, mais dans l'ensemble, c'était triste et délaissé.

« C'est étrange » a dit Amy. « Nous n'empruntons jamais ce passage pour rentrer dans la maison. C'est sans doute la raison pour laquelle je l'ai négligé. »

« Pourquoi ne l'utilisez-vous pas ? » lui ai-je demandé.

« Parce que nous allons et venons par la porte de la cuisine, et que mes clients passent par la porte de derrière, puisqu'elle mène directement à mon bureau.

« J'ai tout de suite compris qu'il faudrait ouvrir la porte principale au Ch'i. Le manque d'allées et venues par ce passage vital renforçait le déséquilibre structural, déjà considérable.

Nous avons discuté des différentes options qui s'offraient pour améliorer le secteur « Bienveillance et voyages », complètement délaissé. La première chose à faire, c'était de redonner la vie à cet endroit en y créant un joli jardin, puis de marquer symboliquement le coin, par un réverbère, un arbre ou une fontaine. Et pour clore le tout, il fallait absolument qu'Amy trouve le moyen de faire passer ses clients par la porte d'entrée principale. En passant par là, ils réactiveraient puissamment le Ch'i du secteur manquant.

« J'aimerais que vous preniez l'habitude, vous aussi, de passer par la porte d'entrée. » lui ai-je dit. « De toujours A quoi voyez-vous que c'est mon cas ? Alors c'est tout simple, pour retrouver ma taille, il suffit que je ne passe plus par la cuisine ? »

« C'est tout à fait recommandé par les principes du Feng Shui, car de perpétuelles allées et venues dans une cuisine donnent faim ! » ai-je répliqué.

En parcourant la maison, j'ai remarqué qu'elle était remplie d'objets chers au cœur d'Amy. Le choix des couleurs et l'arrangement des meubles étaient très harmonieux aussi.

Cependant, elle avait installé son bureau dans la spacieuse chambre du fond, à l'origine attribuée aux « maîtres de céans ». J'ai tout de suite pensé qu'elle n'avait pas besoin de tant de place pour son bureau. De plus, la pièce était située dans la partie la plus yin de la maison, c'est-à-dire dans la plus privée. À l'inverse, elle avait installé sa chambre dans une plus petite pièce à l'avant, un endroit par conséquent plus yang.

« Peut-être pourriez changer l'attribution de ces deux pièces ? » lui ai-je proposé. Dans la pièce du fond, où se trouve actuellement votre bureau, le Ch'i est tout endormi, ce qui n'inspire pas vos clients à prendre vos talents de femme d'affaires au sérieux. »

Traitements et résultats :

Dans la semaine qui a suivi notre rendez-vous, Amy a installé à l'avant de la maison, une superbe fontaine pour marquer le secteur « Bienveillance et voyages ». Puis elle a semé des parterres de fleurs multicolores, tout le long du chemin qui traverse ce secteur, pour mener à la porte d'entrée. Au cœur du jardin nouvellement créé, elle a disposé la statue d'un Bouddha assis, complétant ainsi magnifiquement la composition. Amy a également récupéré la chambre qui lui était initialement désignée. Comme cette pièce se situait dans le secteur « Richesses et prospérité » de la maison, elle a choisi de l'intensifier avec une très jolie boîte sculptée, remplie de pièces de monnaie, et qu'elle appelait son « aimant à richesses ».

La pièce la plus proche de la porte d'entrée a pris ses fonctions de bureau. Confortable, d'allure très professionnelle, l'ambiance évoquait, enfin, l'activité recherchée. Amy a accroché un cristal rond à facettes devant la fenêtre, pour bien faire circuler le Ch'i dans toute la pièce. Escortés par Amy, les clients passaient maintenant par la grande porte pour se rendre dans son bureau. Là, les affaires se traitaient sérieusement, et les services était à nouveau dûment payés.

Une semaine après l'installation de la fontaine, une amie perdue de vue depuis longtemps, appelait pour dire qu'elle était à la recherche d'un endroit où habiter. Par hasard, Amy ne connaîtrait-elle pas quelqu'un qui chercherait un colocataire ? Son amie s'est établie dans les lieux sur le champ, et elles s'entendaient à merveille. De plus, celle-ci possédait de rares talents de jardinage, et s'est immédiatement mise à la tâche pour faire du jardin, une vraie splendeur. Amy s'est aperçue que ses habitudes alimentaires avaient changé depuis qu'elle empruntait la grande porte, plutôt que d'entrer et sortir par la cuisine. Elle s'était même inscrite à un cours de gymnastique, qu'elle suivait religieusement.

« Tout s'est superbement bien mis en place » m'a-t-elle dit récemment. « Mes problèmes sont entièrement résolus ! »

L'Accentuation personnalisée du secteur « Bienveillance et Voyages ».

Pour intensifier ce secteur, vous pouvez n'utiliser qu'une seule chose, ou en combiner plusieurs à la fois :

- Des affiches, tableaux, collages, photos, ou sculptures représentant des images à caractère religieux, guides spirituels, anges, saints.
- Des images ou photos de gens qui vous sont utiles dans la vie, conseillers, enseignants, mécènes, clients, employés.

- Des images ou photos d'endroits dans le monde où vous aimeriez vous rendre qui vous rappellent des voyages réussis, ou que vous trouvez particulièrement beaux.
- Des objets de couleur blanche, grise ou noire.
- Des citations ou dictons à caractère religieux, ou faisant référence à la bienveillance, ou aux voyages.
- Des choses personnelles que vous associez à votre système de croyance religieux/spirituel.

Affirmations reliées au secteur « Bienveillance et Voyages »

Choisissez parmi les affirmations suivantes, celle qui vous inspire le mieux (ou créez-en une vous-même). Notez-la, et placez-la dans un secteur « Bienveillance et voyages » de votre maison, bureau ou chambre, par exemple.

J'attire constamment dans ma vie des gens bienveillants, et qui m'aident généreusement.

Je me sens aimé et soutenu par tous les gens qui font partie de ma vie.

Dans la vie, j'ai la chance d'être entouré par des gens bienveillants à mon égard, et je suis moi-même cordial et attentionné avec les gens qui m'entourent.

Des coïncidences bienheureuses, des occasions inespérées, se présentent constamment dans ma vie.

Je voyage autant que je veux, et aux endroits où j'ai envie d'aller.

Les circonstances font que je me trouve toujours au bon endroit, au bon instant, à rencontrer des gens qui me sont toujours favorables.

SECTEUR DU BAGUA

OCCUPATIONS

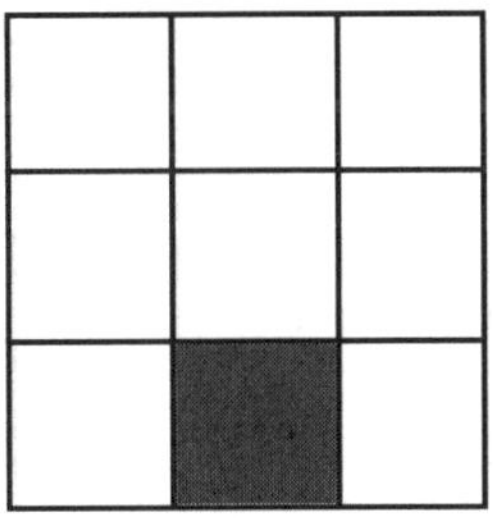

Le secteur « Occupations » se situe à l'avant de la structure sur laquelle vous travaillez, entre
« Éducation et connaissances » et « Bienveillance et voyages » (voir la grille du Bagua page 58)

La sagesse du Yi-King pour le secteur « Occupations ».

Le trigramme du Yi-King Kan, veut dire « Eau profonde », et il est associé aux occupations de travail. Le grand défi, pour la plupart d'entre nous, c'est de trouver notre voie dans la vie, de découvrir et d'effectuer un travail qui nous plaise vraiment. Il s'agit d'une question que nous nous posons, mais qui peut rester longtemps sans réponse, parfois même toute une vie.

C'est aussi une question qui peut s'imposer à nouveau, à n'importe quel moment, et pour des tas de raisons différentes. « Que faire maintenant ? ». L'enseignement du Yi-King souligne l'importance de nous poser la question sans tarder, et d'y répondre sincèrement. Prendre la peine de s'interroger et de s'écouter est crucial, même quand la réponse s'avère être « je ne sais pas ». Le fait de rester sincère avec soi-même permet d'y voir mieux, et de continuer les recherches sans faiblir. Souvent, nous n'osons pas honorer nos vrais désirs, car cela suppose de faire face à l'inconnu avec confiance. Le Yi-king nous suggère de pénétrer à l'intérieur de nous-mêmes, pour y puiser les réponses qui mènent sur la voie de l'accomplissement parfait, réalisant ainsi nos véritables désirs.

Intensifiez le secteur « Occupations » lorsque :

- Vous désirez provoquer des changements dans votre travail.
- Vous êtes à la recherche d'un nouvel emploi ou désirez changer de branche.
- Vous aimeriez faire du bénévolat.

Les belles histoires du quadrant « Occupations »

Eve au Jardin

Eve devait bien en convenir, sa carrière n'allait pas fort. Bien que sa vie soit satisfaisante par bien des aspects, son travail était une source de préoccupation constante. Il y a encore six ans, elle connaissait une réussite spectaculaire dans son métier. Depuis son efficacité s'était considérablement dégradée. Elle en avait tout d'abord accusé son supérieur, mais lorsqu'il avait été remplacé, il a bien fallu qu'elle se rende à l'évidence, malgré tout, sa situation s'aggravait de jour en jour. Ne mettant pas ses capacités en doute, elle continuait à se poser de douloureuses questions. C'est sur les conseils d'un ami, qu'elle a décidé de faire appel à mes services.

Eve occupait le côté droit d'une maison en duplex. En m'approchant de chez elle, par son côté du bâtiment, j'ai remarqué combien le passage était mal entretenu, ainsi que l'état pitoyable de la moustiquaire sur la porte d'entrée. Celle-ci se trouvait en plein dans son secteur « Occupations ». Les alentours faisaient peine à voir. Un jardin avait dû exister autrefois, mais il n'en restait plus que les mauvaises herbes. Les marches qui menaient à sa porte s'écroulaient, et les fissures donnaient refuge à de nombreuses fourmilières. L'arrivée était désolante. En m'approchant de la porte, je me suis dit qu'il n'y aurait rien d'étonnant, à ce que l'occupante des lieux, se plaigne de son travail.

Eve m'a fait entrer dans la maison. L'intérieur était magnifique. La maison était arrangée avec un goût délicieux, remplie d'objets superbes, notamment, une rare collection de céramiques. J'ai tout de suite su que le gros du travail ne s'effectuerait pas à l'intérieur de la maison, mais dehors.

Traitements et résultats :

Il ne fallait pas être grand devin pour comprendre qu'Eve n'aimait pas le jardinage. Elle ne voulait même pas en entendre parler. Il a fallu que j'insiste sur l'importance de cette arrivée, en plein secteur « Occupations », pour qu'elle commence à m'écouter. Pour la première fois, elle a vu la terre dénudée, tristement parsemée de mauvaises herbes. « Je n'arrive pas à croire que cet endroit ait quelque chose à voir avec mon travail » s'est-elle exclamée. Je lui ai suggéré d'y apporter de très simples modifications, et de voir venir. Dans son cas, le plus facile serait de se procurer deux gros pots de fleurs rouges, par exemple des géraniums, et de les disposer en bas des marches. Ils rempliraient deux fonctions, celle de « service d'accueil » et mieux encore, contribueraient à ajuster l'état pitoyable du Ch'i.

Mais ce n'était pas tout. J'ai poursuivi en lui conseillant d'arracher toutes les mauvaises herbes, de planter des lits de fleurs peu délicates, et d'installer une grande baignade à oiseaux. Non seulement, l'eau attirerait la gracieuse ronde des oiseaux des environs, mais créerait aussi une source très active de Ch'i. Et encore, il faudrait faire boucher les fissures des marches de l'escalier, et enjoliver le pourtour. Puis, restaurer la « bouche » du Ch'i, en grattant la rouille de la moustiquaire et en la repeignant en noir, couleur du secteur « Occupations ». Et pour finir, accrocher un carillon zéphyrien ou un objet « volant » de son choix, à l'extérieur de sa porte d'entrée, pour « appeler » le Ch'i vital.

Qu'est-ce qu'elle risquait à suivre mes directives ? A-t-elle dit, espérant par là, trouver un moyen pour sauver sa carrière en péril. À l'intérieur, je lui ai montré où se situait le secteur « Occupations » dans chaque pièce, en expliquant clairement la marche à suivre, sans oublier de préciser combien le placement d'objets significatifs, l'aiderait à atteindre ses objectifs de travail.

Pleine d'enthousiasme, Eve m'a appelé deux semaines plus tard. Il fallait qu'elle me raconte ce qui s'était passé ! Elle m'a dit avoir suivi ma liste de recommandations à la lettre, et d'avoir même pris sur elle de suspendre, près du bain à oiseaux, un récipient plein de graines pour les colibris. Depuis, que de changements dans mon travail, et pas des moindres, a-t-elle précisé ! Après plus d'un an à tergiverser, deux clients potentiels s'étaient enfin décidés à signer les contrats en attente. Elle n'arrivait presque pas à le croire. Mais ce n'était pas encore la meilleure nouvelle.

« Je viens de signer le plus gros contrat de ma carrière, de plus, avec un client qui s'est présenté de lui-même ! » Je vous le dis : « L'état de mes ongles ne m'importe plus. Dès que j'ai un moment de libre, je pioche, je bêche, et je plante. Mon jardin ressemble déjà à celui d'Eden ! En outre, j'y introduirai une nouvelle sorte de fleur, chaque fois que je signerai un nouveau contrat. »

Tout cela, c'était il y a deux ans. Depuis, les affaires d'Eve se sont encore consolidées. Lorsqu'on lui demande son secret, elle commence par poser une question « Avez-vous déjà entendu parler du Feng Shui ? »

▼▼▼

LA PORTE DE DONNA

Cette histoire est ma préférée car elle témoigne bien de la puissance du Bagua, même quand nous ignorons l'avoir utilisé.

La mère de Donna désirait faire connaître le Feng Shui à sa fille, en lui offrant une consultation en cadeau. Lorsque Donna a pris rendez-vous, je lui ai demandé si ce cadeau lui convenait bien. Elle m'a répondu avec enthousiasme. Sa maison était située dans un quartier qui ne m'était pas familier. Je me suis approchée tranquillement de chez elle, pour ne rien manquer du site environnant. C'était un vieux faubourg de la ville, aux maisons à l'allure disparate. Certaines étaient en excellent état, alors que d'autres criaient misère. Parmi les plus belles, il y en avait une qui a retenu mon attention, car elle était particulièrement bien entretenue. C'était justement celle de Donna.

Je me suis garée. Avant de sonner à la porte, je suis restée quelques instants à observer l'avant de la maison. J'ai noté que Donna avait fait construire une large avancée couverte, qui donnait sur une porte d'entrée toute neuve, ouvrant sur un vestibule intérieur. Cet ajout avait grandement amélioré le Bagua de la maison, notamment grâce à l'élégante porte d'entrée, située directement dans le secteur « Occupations ». Bien qu'à l'avant, l'ajout de structure ne s'étende pas tout du long de la maison, laissant ainsi le secteur « Éducation et connaissances » à l'extérieur, Donna avait fait tout le nécessaire, mais apparemment en l'ignorant.

Des parterres de fleurs magnifiques remplissaient ce secteur, complété par un grand arbre, planté très précisément à l'angle du « coin manquant ». J'étais véritablement stupéfaite !

Naturellement, ma première question a été « Avez-vous connu des changements dans votre travail récemment ? »

« Est-ce que ma mère vous a raconté ? » m'a-t-elle demandé.

« Je viens justement de décrocher une promotion fabuleuse. Enfin, je vais pouvoir effectuer un travail que j'aime. J'en rêve depuis des années. Il y avait une telle compétition, je n'en suis toujours pas revenue d'avoir été choisie. »

« Dites-moi, quand avez-vous fait construire ce complément à votre maison ? » lui ai-je demandé.

« Voyons, l'entreprise a duré à peu près trois mois, et tout était terminé le mois dernier. Je m'en souviens bien, puisqu'en attendant la réponse, j'enjambais encore tous les matériaux de construction pour passer dans la maison. Pourquoi ? »

J'ai ri en pensant combien son histoire était parfaite. Je lui ai expliqué, pourquoi, selon le Feng Shui, elle avait considérablement amélioré le Ch'i relié à sa carrière, en transformant son entrée de telle manière. Pendant mon explication, elle ne cessait de répéter « Mais je ne savais pas... c'est stupéfiant... je n'en avais pas la moindre idée ! »

Nous avons discuté du meilleur moyen d'arranger le nouveau vestibule, de manière à ne pas l'encombrer. À la place des patères, surchargées de divers gros habits, je lui suggérais de placer une petite table, composée d'un plateau en verre et d'une base de couleur très foncée (symbolisant l'élément Eau, associé au secteur « Occupations »,) ainsi qu'une chaise ou deux. Cet agencement créerait une atmosphère accueillante, sans obstruction pour le Ch'i. De plus, cette nouvelle ordonnance ouvrirait la vue sur le ravissant salon qu'on apercevait à travers les fenêtres d'origine, et qui donnait maintenant sur le vestibule. Ce n'était pas la place qui manquait à l'intérieur pour ranger les manteaux, puisqu'il y avait un petit placard juste derrière la porte.

« Le seuil d'une maison se doit de toujours être propre et net, en somme une gracieuse invitation aux gens de bonne compagnie, à pénétrer facilement dans les lieux. De plus, et dans le cas présent, ceci contribuera à continuellement améliorer votre carrière. » ai-je dit. « Vous aborderez votre nouvelle étape professionnelle avec l'esprit bien clair, une vue d'ensemble étendue, et remplie d'une vive énergie qui vous permettra de saisir, toutes les opportunités encore insoupçonnées, qui ne manqueront pas de se présenter.

L'Accentuation personnalisée du secteur « Occupations »

Pour intensifier ce secteur, vous pouvez n'utiliser qu'une seule chose, ou en combiner plusieurs à la fois :

- N'importe quel objet d'où jaillit ou qui contient de l'eau tels que fontaines, chutes d'eau, aquariums.
- Des affiches, tableaux, collages, photos, ou sculptures dépeignant des scènes aquatiques, telles que mers et lagunes, lacs et rivières, chutes d'eau, etc.
- Des objets de couleur noire ou très foncée, comme le bleu marine, le brun foncé, le gris anthracite.
- Des objets aux formes indéfinies, qui ondulent.
- Des objets en verre, en cristal, les miroirs.
- Des citations ou des dictons qui font référence au travail.
- Des choses personnelles associées au travail.

Affirmations reliées au secteur « Occupations »

Choisissez parmi les phrases suivantes, celle qui vous inspire le mieux (ou créez-en une vous-même). Puis, notez-la, et placez-la dans un secteur « Occupations » de votre maison, bureau, table de travail, ou chambre, par exemple.

J'effectue un travail utile qui me convient parfaitement, et qui est très lucratif.

Je m'épanouis davantage chaque jour dans mon travail.

Je m'exprime pleinement à travers ma carrière professionnelle.

Mon travail est créatif, agréable, et je m'y emploie avec enthousiasme.

Je suis en mesure de saisir les nombreuses opportunités d'avancement qui se présentent, grâce à des circonstances qui s'imposent clairement.

Je suis disposé à trouver ma voie dans la vie et à répondre à ma véritable vocation.

SECTEUR DU BAGUA

ÉDUCATION ET CONNAISSANCES

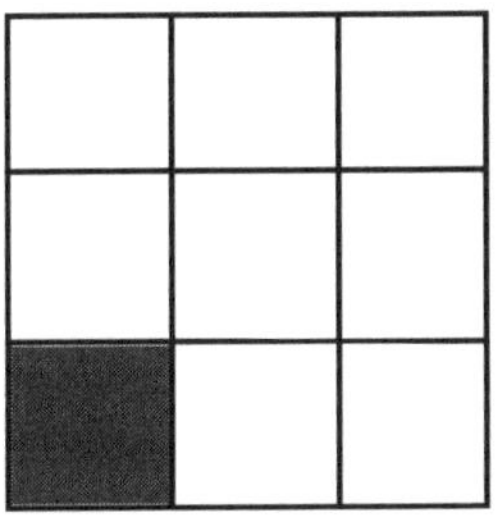

Le secteur « Éducation et connaissances » est situé à l'avant, et à gauche de la structure sur laquelle vous travaillez *(voir la grille du Bagua page 58)*

La sagesse du Yi-King pour le secteur « Éducation et Connaissances »

L'éducation et les connaissances sont deux aspects associés au trigramme Ken du Yi-King, qui veut dire « La montagne ». Ce trigramme nous enseigne qu'un esprit serein et un esprit intelligent ne forment qu'un. Se concentrer pour acquérir de nouvelles connaissances demande des efforts à fournir, alors qu'il s'assimile mieux, quand nous avons appris à nous « taire » par la pratique de certaines formes de méditation, de contemplation ou d'introspection. La montagne, symbolise le temps qu'il faut prendre à grimper les hauteurs tranquilles, qui se nichent dans les profondeurs de nos êtres, pour y contempler notre expérience unique, et revenir en l'ayant intégré. C'est ce qu'on appelle se cultiver.

Avoir une bonne éducation, ne veut pas dire être savant, après avoir ingurgité des quantités phénoménales d'informations. Le véritable savoir s'accompagne de sagesse et il s'améliore, au fur et à mesure, par la contemplation des nouvelles connaissances qui s'acquièrent. Le Yi-King nous rappelle que l'étendue de nos connaissances s'enrichit et devient productive, quand nous passons du temps sur la montagne.

Intensifiez le secteur « Éducation et connaissances » lorsque :

- Vous faites des études, peu importe votre âge ou le sujet.
- Vous êtes chargé de conseiller les autres, peu importe dans quelle branche.
- Vous désirez cultiver votre esprit, ou un style de vie plus tranquille.

Les belles histoires du quadrant « Éducation et connaissances »

Sa Manière à Elle ou Rien du Tout

Christine et sa fille Angie, vivaient dans une splendide maison qui surplombait l'océan. Le monde semblait leur appartenir. Alors, pourquoi Angie souffrait-elle d'insomnies ? Et pourquoi travaillait-elle si mal à l'école depuis quelques mois ? Elle qui assumait si bien son adolescence et qui était une élève douée. À présent, elle avait mauvaise mine, et ne participait plus aux différentes activités de son école. Sa mère, qui l'avait bien observée, était convaincue que sa léthargie n'était pas due aux effets d'une drogue, ni à ceux d'un régime. Quant au médecin de famille, il parlait de cette crise, comme d'une simple phase de croissance. Christine n'était pas convaincue, et décida de prendre rendez-vous pour une consultation de Feng Shui.

Pendant que Christine me faisait visiter sa maison, si joliment ensoleillée, je lui ai demandé si Angie était d'accord pour que nous entrions dans sa chambre. Ceci, entre parenthèses, est un aspect très important du Feng Shui. Christine m'a assuré que sa fille avait donné son accord.

La chambre d'Angie était tout à fait une chambre d'adolescente, rien n'y manquait. Récemment, elle l'avait repeinte en vert foncé très intense. Je me sentais comme en pleine forêt, au milieu de la nuit. Elle avait aussi changé tous les meubles de place. La porte d'entrée se situait sur la gauche, dans le secteur « Éducation et connaissances » et j'en ai pris bonne note. Elle s'ouvrait avec peine, retenue à l'arrière, par un amoncellement de linge sale dans un panier. J'ai demandé à Christine, si les insomnies et le manque de concentration, n'auraient pas débuté au moment du changement de décor entrepris par sa fille. Elle a réfléchi un moment puis a réalisé, qu'en effet, les changements d'humeur de sa fille dataient bien de la même époque. Et que, hélas, les bizarreries s'étaient même accentuées depuis.

Soudainement, Christine se sentait une irrésistible envie de tout chambouler dans la chambre. De la repeindre illico en blanc, et de remettre les meubles comme ils étaient avant.

« Je n'arrive pas à croire que de changer une chambre puisse changer une personnalité à ce point ! s'est-elle exclamée.

Je lui ai conseillé de se calmer et de regarder la chambre en détail. Mon attention s'est portée sur la grande affiche d'un chanteur punk de rock, qui ornait le mur du secteur « Santé et famille » juste au pied du lit. Les squelettes et les couteaux sanglants auraient suffit à me tenir éveillée toute la nuit, moi aussi. D'autre part, les sources de lumière ne parvenaient pas à éclairer la pièce, et les murs foncés rendaient l'atmosphère de plus en plus suffocante.

Angie avait placé sa table de travail au fond, contre un mur, la chaise tournant le dos à la porte. Des revues, des bijoux, des habits de toutes sortes s'amoncelaient sur la table, ne laissant pas la moindre place au plus petit livre qui soit.

« Lorsqu'elle a redécoré sa chambre, son bureau était bien rangé, mais ça n'a pas duré longtemps. » a dit Christine.

Traitement et résultats :

« Les changements que je vais vous suggérer doivent recevoir la bénédiction de votre fille » ai-je dit. « Sinon, ils ne produiront probablement aucun résultat. »

« Elle est tellement malheureuse en ce moment, » a-t-elle murmuré. « Je pense qu'elle acceptera vos idées. »

« La première chose à faire » ai-je suggéré, « c'est d'enlever le panier de linge sale de derrière la porte, de manière à ce qu'elle puisse s'ouvrir complètement. Ceci lui permettra de s'ouvrir complètement aux opportunités heureuses que lui offre la vie. » ai-je ajouté.

Ensuite, il va falloir enlever cette couleur des murs. Je lui ai conseillé de faire poser du papier peint dans des tons pastels, mais de laisser Angie le choisir, tout en la guidant vers des couleurs douces sans motifs. Si vraiment sa fille tenait tant à son vert, elle pourrait laisser la partie inférieure des murs en état. En incorporant une bande de séparation avec la nouvelle couleur du haut, l'ensemble serait tout de même plus gai. « Il y a bien trop de vert dans toute cette pièce, et n'importe qui, habitant là, s'en trouverait oppressé et déprimé. » ai-je dit.

Très important aussi, il fallait que Christine trouve un moyen pour libérer la chambre de la fameuse affiche. La violence du graphisme plaisait sans doute à Angie, ou du moins, elle se l'imaginait. Deux possibilités s'offraient : idéalement, l'affiche était remplacée par quelque chose d'agréable à la vue, voire même qui soit source d'inspiration. Mais si Angie insistait pour garder celle-ci, alors, il ne resterait plus qu'une option, changer le lit de place, de façon à ce que la scène de l'affiche ne soit plus la dernière image qu'Angie voie, avant d'éteindre la lumière pour s'endormir.

Maintenant le bureau. Il faudrait le changer de place pour le mettre dans le secteur « Éducation et connaissances ». Ce serait la première chose qu'Angie verrait, en rentrant dans la pièce, et la nouvelle position lui permettrait de faire face à la porte. De plus, il faudrait qu'il y ait une lampe sur le bureau, et qu'elle reste allumée dans la journée. La lumière raviverait le Ch'i, qui contribuerait grandement au rétablissement d'Angie.

Le désordre régnant sur le bureau, m'a incité à jeter un regard dans les placards. Un cyclone passant par là, n'aurait pas fait mieux. Tout était sens dessus dessous. Des casiers supplémentaires, des tiroirs, et autres tringles à vêtements s'avéraient nécessaires pour organiser l'imposante garde-robe d'Angie.

Quelques mois plus tard, je suis tombée nez à nez avec Christine, que je n'avais plus revue depuis notre entretien. J'étais curieuse de savoir comment les choses avaient tourné. « Tout va très bien » m'a-t-elle dit. « Plein de choses formidables sont arrivées depuis votre visite. » Elle m'a tout raconté en détail. Tout d'abord, Angie s'était trouvée dépassée par toutes mes suggestions, et n'avait donné son accord que pour déplacer le panier de linge sale de derrière la porte, ainsi que son bureau. Christine a tout de suite noté qu'Angie s'en servait, à nouveau, pour faire ses devoirs. Par la suite, c'est le lit qui a changé de place, loin de l'affiche sanglante. De ce fait, Angie passait de meilleures nuits.

« Puis elle n'a plus rien changé à sa chambre. Je pensais que c'était suffisant car elle allait beaucoup mieux, et avait même repris ses activités à l'école. » a-t-elle dit. « À peu près deux mois plus tard, elle est arrivée en me disant qu'elle voulait passer les murs de sa chambre à l'éponge, avec du blanc, comme elle avait vu une amie le faire chez elle. »

Le week-end suivant, Angie et sa copine se sont mises à la tâche. Le résultat était éblouissant.

« Dès cet instant, Angie était à nouveau elle-même, » s'est souvenue Christine. « Elle a retrouvé toute sa joie de vivre. je suis certaine qu'elle veut être actrice ! »

« Que s'est-il passé avec l'affiche ? » lui ai-je demandé.

« Il a fallu qu'elle la décroche pour refaire la peinture des murs, et depuis on ne l'a plus revue. Entretemps, elle s'est prise de passion pour les anges. Il y en a partout dans sa chambre ! »

▼▼▼

Courir dans le Vide

Avant de se lancer dans les travaux qu'elle avait en vue pour sa maison, Jenny désirait l'avis d'un consultant en Feng Shui. Elle rentrait de ses longues journées de travail, auxquelles s'ajoutaient des cours du soir, et rêvait de démolition, d'agrandissement, de tout ce qui pourrait améliorer sa demeure. Dès notre première conversation téléphonique, j'ai tout de suite remarqué la fougue qui habitait Jenny. Il m'était impossible de terminer une phrase. Les idées tourbillonnaient dans sa tête, elle passait de l'une à l'autre, sans répit. Ma curiosité était piquée et j'avais hâte de visiter sa maison.

Elle était rectangulaire. La porte d'entrée se situait dans le secteur « Occupations » et le garage dans « Éducation et connaissances ». En me voyant, Jenny s'est précipitée sur la porte pour m'accueillir, et m'a fait faire le tour de la maison à toute vitesse. La traversée des pièces était commentée par Jenny qui racontait ses rêves, toutes ces transformations qui rendraient la maison plus grande, plus ensoleillée, plus pratique, plus belle. Quand nous sommes arrivées à la porte du garage, elle a fait halte et demi-tour vers le salon, disant qu'il était hors limites.

« Mais il fait partie de la maison, Jenny, et en Feng Shui, tous les espaces comptent, » lui ai-je expliqué.

« En ce qui me concerne, il n'en fait pas partie » a-t-elle répliqué.

Je lui ai demandé de prendre le temps de s'asseoir un instant, afin que je puisse lui expliquer les principes du Feng Shui et la grille du Bagua. Si, à la suite de mes explications, elle ne voulait toujours pas me faire visiter son garage, soit. Je remarquais son manque d'enthousiasme, mais j'amorçais malgré tout, car j'avais la conviction que le garage présentait un vrai problème. Je lui ai expliqué que le garage faisait partie intégrale de la maison, et qu'il contenait le Ch'i « Éducation et connaissances ». Ce Ch'i était d'autant plus vital, qu'elle continuait ses études en prenant des cours du soir. Jenny était tout à coup bien calme et m'écoutait avec attention. Elle ne s'attendait certainement pas à ce que je lui disais. Elle qui pensait que je ne me préoccuperais que de lui indiquer les murs à abattre !

« Les choses qui sont entreposées dans votre garage vous parlent continuellement » lui ai-je dit « Faites en sorte qu'elles n'aient que des choses agréables à vous dire. »

Jenny a ronchonné « Je serait étonnée qu'on s'entende crier là-dedans, mais allons-y quand même. »

Un chaos monstre occupait les lieux : des meubles empilés les uns sur les autres, en équilibre instable, des montagnes de choses entassées n'importe comment. Il y en avait du sol au plafond. Elle avait tout de même réussi à garder un petit espace pour sa voiture, mais le passage, entre la voiture et la porte donnant dans la maison, se discernait à peine.

« Qu'est ce que je peux dire, j'ai dans l'idée de me servir un jour de tout ce fourbi, de le vendre ou de le donner à des amis. » m'a-t-elle expliqué. « En attendant, ce que vous essayez de me dire, c'est que tout ce bazar m'empêche de penser clairement ? ».

« Oui, c'est exactement ce que je veux dire » lui ai-je répondu. « Chaque fois que vous entrez en voiture dans votre garage, et même chaque fois que vous pensez à tout ce qui se trouve ici, il y a de fortes chances pour que votre esprit s'embrouille. »

« C'est peut-être pour cette raison que je me sens toujours sur le qui-vive » a-t-elle dit en réfléchissant. « Je me sens toujours dépassée par tout ce que j'ai à faire, je n'arrête pas de courir, et mon esprit n'est jamais au repos. »

« Avant d'entreprendre les gros travaux que vous avez en vue, je vous suggère de vous atteler à un seul projet pour l'instant. Votre garage. Rangez-le, organisez-le et toute votre vie s'en trouvera vraisemblablement transformée. Voici ce que le Feng Shui vous conseille de faire : rassemblez tous vos amis, les amis de vos amis, les voisins, et mettez tout ce que vous ne voulez plus en vente. Organisez tout le reste. Pour compléter ce devoir, apprenez une forme de méditation ou une technique d'introspection. Je vous assure que vous retrouverez tout votre calme et votre clarté d'esprit.

Traitement et résultats :

Notre entretien a plongé Jenny dans une profonde réflexion. Pourquoi tenait-elle tant à garder tout ce qui se trouvait dans son garage ? Poursuivait-elle des études qui lui convenaient ? Pourquoi était-elle toujours en train de courir à droite et à gauche ? Elle a réalisé qu'elle était complètement épuisée mentalement, et qu'elle avait besoin de prendre un moment pour s'occuper d'elle. Elle a organisé trois grandes ventes dans son garage, qui lui ont permis de se débarrasser de la plupart des choses qui s'y trouvaient, et par le même moyen, de se faire une coquette somme d'argent.

Avec cet argent, elle a pris des cours de méditation, et s'est même offert le luxe d'une semaine de retraite à la montagne. De retour, elle a décidé de continuer ses études, mais de ne plus prendre qu'un cours du soir par semaine, pour garder des soirées à se relaxer.

Récemment, lorsque nous avons parlé au téléphone, j'ai noté que je pouvais finir mes phrases sans qu'elle m'interrompe. Elle était posée, calme et sereine.

« Et à propos, vos plans d'agrandissement, où en sont-ils ? » lui ai-je demandé.

« Je les ai oubliés » m'a-t-elle répondu. « J'ai bien assez de place dans la maison pour toutes mes affaires. Je n'arrive toujours pas à comprendre, comment l'affreux désordre qui régnait dans mon garage, pouvait m'affecter à ce point. Je suis bien plus heureuse maintenant, vous aviez raison, c'est exactement ce qui s'est passé ».

L'Accentuation personnalisée du secteur « Éducation et Connaissances »

Pour intensifier ce secteur, vous pouvez n'utiliser qu'une seule chose, ou en combiner plusieurs à la fois :

- Des livres lus ou à lire, ou n'importe quel autre genre de documentation.
- Affiches, tableaux, collages, photos, ou sculptures dépeignant des montagnes ou des endroits paisibles.
- L'image de gens admirés pour leur érudition et posant de manière contemplative.
- Des objets de couleur noire, bleue ou verte.
- Des citations ou des dictons faisant référence à l'éducation et aux connaissances.
- Des choses personnelles que vous associez à l'éducation, à la méditation ou à la contemplation.

Affirmations reliées au secteur « Éducation et Connaissances »

Choisissez parmi les phrases suivantes, celle qui vous inspire le mieux (ou créez-en une vous-même). Puis, notez-la, et placez-la dans un secteur « Éducation et connaissances » de votre maison, bureau, table de travail, ou chambre, par exemple.

J'assimile facilement les informations utiles qui s'offrent à moi.

Je me cultive de façon agréable.

Sachant que mon esprit s'enrichit constamment, je prends plaisir à chaque moment de ma vie.

Je me sens calme et en paix lorsque j'enseigne mes connaissances aux autres.

Je sais que je suis sage et cultivé.

Dans chaque situation, je sais toujours que dire et que faire.

▼▼▼

LE CENTRE DE LA GRILLE DU BAGUA

Le centre du Bagua est considéré comme une zone neutre, un espace de repos, où le yin et le yang sont en équilibre parfait. Il n'y a pas de trigramme qui lui soit associé, ni aucune facette de l'existence. La vie circule autour du centre. C'est le secteur le mieux adapté à une pièce de repos ou de méditation. De même que le centre d'une pièce peut être occupé par un objet qui appelle au calme, quand tout s'agite autour de soi. Le centre du Bagua est associé à l'élément Terre, suggérant l'importance d'organiser notre vie autour d'une base solide. Le centre se fortifie quand nous forgeons nos lieux de vie comme de petits paradis, et que nous sommes en accord profond avec nous-mêmes.

L'élément Terre est relié à la couleur jaune, ainsi qu'à tous les tons de terre. La forme qui symbolise la Terre est carrée ou rectangulaire. Les pièces de monnaie chinoises sont rondes, percées en leur centre par la Terre, c'est-à-dire par un carré.

▼▼▼ ▼▼▼

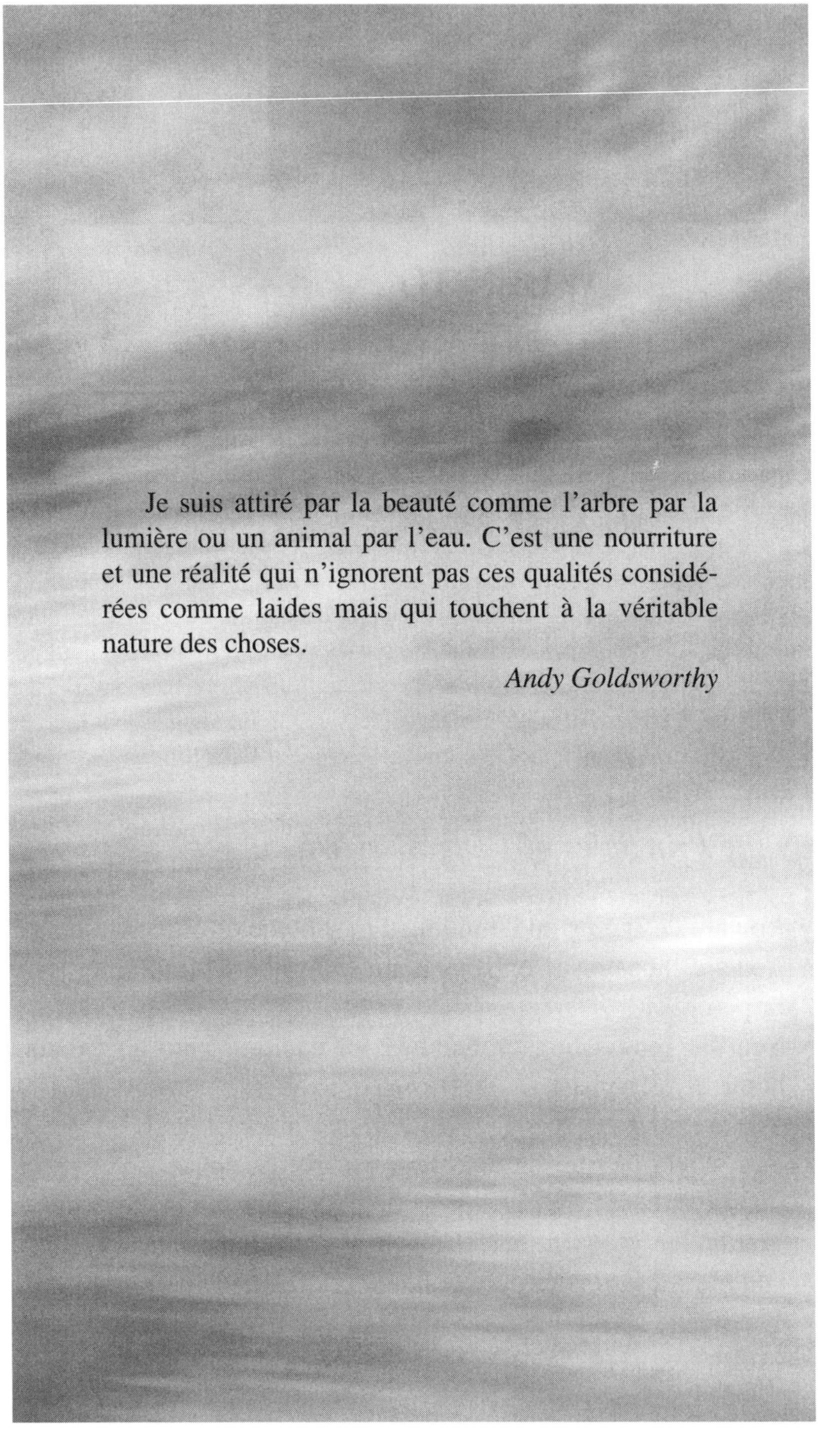

Je suis attiré par la beauté comme l'arbre par la lumière ou un animal par l'eau. C'est une nourriture et une réalité qui n'ignorent pas ces qualités considérées comme laides mais qui touchent à la véritable nature des choses.

Andy Goldsworthy

8

LES INSTRUMENTS DE BASE DU FENG SHUI POUR REHAUSSER LE CH'I

Le Feng Shui possède une variété d'outils très efficaces qui servent à soigner, stabiliser, améliorer et équilibrer le Ch'i dans l'environnement. Ces instruments de base s'emploient pour rehausser un lieu de vie dans son ensemble, ou pour intensifier un secteur particulier du Bagua.

Nous obtenons les meilleurs résultats, quand nous choisissons de vivre entourés de choses plaisantes à la vue. Comme le choix est pratiquement infini, je vous conseille de laisser de côté tout ce qui ne vous convient pas dans la liste suivante.

Les dix outils de base sont :

1) Les Couleurs

Perpétuellement enveloppés par les couleurs, leur impact sur nous est considérable. Nous sommes souvent fixés sur leurs nombreuses significations, qu'elles soient d'ordre culturelle, symbolique ou affiliées aux saisons. Dans notre monde occidental, par exemple, nous associons le blanc à la pureté et au mariage, alors qu'en Chine, cette couleur est celle du chagrin et de la mort. Ici, le rouge s'emploie souvent pour alerter d'un danger. Là-bas, il est synonyme de célébration et de chance. Dans notre culture, le noir accompagne le deuil et la mort, en Chine, il représente le flot abondant des richesses, ainsi que les circonstances fortunées.

En Feng Shui, les couleurs s'emploient principalement pour exprimer les cinq éléments et les neuf secteurs du Bagua.

L'emploi d'une variété de couleurs dans un environnement rehausse considérablement le Ch'i qui y circule. Il nous est possible de stimuler des changements positifs dans nos vies, en utilisant les couleurs appropriées du Bagua dans nos lieux d'habitation ou de travail. Comme toujours avec le Feng Shui, le choix se fait à partir des goûts personnels, et non pas en se laissant tenter par quelque chose qui ne plaît qu'à moitié. Il en est de même pour les couleurs. Le choix ne manque pas. Par exemple avec le rouge, dont la variété s'étend du rose le plus pâle au bourgogne le plus intense.

Et le bleu, qui offre tous les tons possibles et imaginables, depuis le bleu nourrisson jusqu'à l'extrême bleu marine. Si une couleur, spécifiquement recommandée pour un secteur du Bagua, ne vous convient pas, choisissez un autre moyen pour l'intensifier, ou faites en sorte d'équilibrer les éléments.

Un mur situé dans le secteur « Richesses et prospérité » peut être peint dans n'importe quel ton de rouge, de bleu ou de mauve, du plus soutenu au plus pastel. De même, la sélection d'un objet peut se faire par sa couleur, par exemple un parchemin calligraphié à l'encre noire pour le secteur « Occupations », un paysage vert et bleu pour le secteur « Santé et famille », ou une sculpture romanesque en albâtre, pour le secteur « Amour et mariage ». Les meubles et les tissus d'ameublement peuvent également intensifier un secteur par leur couleur, telle une bibliothèque verte dans le secteur « Éducation et connaissances », un canapé lie de vin dans le secteur « Prestige et renommée », ou une table toute blanche dans le secteur « Créativité et enfants ».

Semblablement, les couleurs s'utilisent pour rétablir ou améliorer l'équilibre des cinq éléments. Il est même possible d'harmoniser un endroit en jouant essentiellement avec les couleurs, avec des tons vifs ou délicats, selon les goûts. Supposons cette approche pour inclure les cinq éléments dans un salon : la moquette pourrait être bleu turquoise (Bois) les murs tirer sur le pêche ou le mauve (Feu) le plafond être peint dans un ton de taupe ou de beige (Terre), les canapés recouverts d'un tissu crème (Métal), et pour conclure cet arrangement particulier, une pièce importante du mobilier se devra d'être noire (Eau).

Les cinq couleurs de base pourront également occuper un endroit, grâce à l'ajout d'un objet « spectaculaire » qui les contienne toutes.

L'association des couleurs est donnée au pluriel puisque chacune d'elle contient une variété infinie de tons.

SECTEUR DU BAGUA	ÉLÉMENT	COULEURS
Santé et famille	Bois	Les bleus/verts
Richesses et prospérité		Les bleus/rouges/violets
Prestige et renommée	Feu	Les rouges
Amour et mariage		Les rouges/roses/blanc
Créativité et enfants	Métal	Blanc/les pastels
Bienveillance et voyages		Blanc/gris/noir
Occupations Eau		Noir/les couleurs très foncées
Éducation et connaissances		Noir/les bleus/verts
Centre	Terre	Les jaunes/tous les tons de terre

2) Les miroirs

Les miroirs activent, rehaussent et font circuler le Ch'i. Communément nommés « l'aspirine du Feng Shui », ils remédient à de nombreux problèmes. En élargissant les petites pièces, en amplifiant la lumière, en pourvoyant à la sécurité, en modifiant la trajectoire du Ch'i, en faisant « réapparaître » les murs, en multipliant les fenêtres, ou en reflétant une jolie vue à l'intérieur d'une pièce. Ils donnent de la majesté à un hall d'entrée, rétablissent l'équilibre quand deux murs ne s'élancent pas à la même hauteur jusqu'au plafond (un miroir sera placé sur le plus court des deux murs). De même qu'ils remédieront à l'arête d'un coin saillant, ou à la carène d'un escalier en faisant recirculer le Ch'i tout autour.

En règle générale, plus le miroir est grand, plus efficace est le remède. Un mur tout recouvert en glace créera un effet dynamique tout en rehaussant un ou plusieurs secteurs du Bagua. Qu'ils soient grands ou petits, les miroirs doivent être accrochés, de manière à refléter au moins toute la tête de celui qui s'y regarde. Il ne faut jamais avoir à se baisser pour se voir dans un miroir. Les glaces qui déforment l'image ou qui la « coupent en morceaux » sont à proscrire, de même que les miroirs gravés ou obscurcis par le temps.

Les glaces sont associées à l'élément Eau, et puisque cet élément contrôle l'élément Feu, les glaces sont souvent placées au-dessus des cheminées pour équilibrer les deux.

Rond ou ovale, un miroir introduira l'élément Métal dans un secteur « Créativité et enfants ». Une glace haute et étroite dans un cadre en bois, s'avérera l'accent parfait pour intensifier un secteur « Santé et famille ». Les glaces peuvent aussi donner un sentiment de sécurité en reflétant ce qui ne peut pas se voir directement.

Cependant, il y a des endroits qui ne sont pas favorables au placement d'un miroir. Comme par exemple, au bout d'un long corridor, ce qui ne ferait qu'accentuer sa longueur, déjà bien suffisante. Il vaut mieux accrocher les miroirs en face des portes, ce qui aura le mérite de le faire apparaître plus large. Les glaces installées au pied des lits sont à proscrire également, pour une raison qui peut faire sourire, mais qui n'en est pas moins une cause entendue, c'est qu'une personne à moitié endormie qui se lève la nuit, peut souvent se trouver effrayée par sa propre image. D'autre part, les glaces stimulent et font circuler le Ch'i, ce qui n'est pas recommandé dans les lieux réservés au repos. Enfin, les miroirs accrochées en vis-à-vis, reflètent la même image à l'infinie, et peuvent désorienter les gens par leur Ch'i vital qui s'épuise.

3) L'éclairage

Peu importe d'où provient l'éclairage, d'une source électrique, d'une lampe à l'huile, d'une bougie ou de la lumière du jour, c'est le moyen le plus facile et le plus rapide d'introduire le Ch'i dans un endroit. Une lumière dirigée vers un plafond lui donnera toujours un semblant de hauteur.

À l'extérieur, un lampadaire permettra d'illuminer un secteur en l'ancrant symboliquement. Une propriété située en contrebas d'une route, profitera d'une source de lumière, installée aux quatre coins du toit, qui la fera apparaître comme s'étant rehaussée.

À l'instar de toutes les accentuations personnalisées, les moyens d'éclairage peuvent aussi être sélectionnés pour leurs formes ou leurs couleurs. Le secteur « Prestige et renommée » bénéficiera d'une lampe avec un abat-jour rouge, ou le secteur « Santé et famille » de bougies vertes et bleues.

La lumière émise par des ampoules fluorescentes, ne diffuse qu'une infime partie du spectre lumineux. Ceci détériore le Ch'i d'une pièce, ainsi que celui des gens qui l'habitent ou qui y travaillent. Un éclairage à la lumière incandescente ou halogène, placé dans un ou plusieurs secteurs du Bagua, et ce, dans une pièce par ailleurs éclairée à la lumière fluorescente, remplira deux objectifs. Il rehaussera la qualité du Ch'i ambiant tout en intensifiant les secteurs sélectionnés. Il est fortement recommandé de réduire ou d'éliminer l'éclairage fluorescent, tout particulièrement celui des zones de travail ou de lecture.

Quand un beau feu brûle dans une cheminée, elle devient, non seulement, une superbe source de chaleur et de lumière, mais représente également l'élément Feu en pleine action. Mais parce qu'elles sont souvent de grande taille, les cheminées peuvent aussi « brûler » le Ch'i du secteur dans lequel elles se situent. Pour y remédier, voici ce qu'il est recommandé de faire :

- Disposer des bûches dans l'âtre, pour donner l'impression que le feu pourrait être allumé à tout instant.
- Équilibrer l'élément Feu, en plaçant un symbole de l'élément Eau, tout à côté. Un miroir, un pare-feu en glace, un accessoire en cristal.
- Dans les mois où la cheminée ne sert pas, vous pouvez agrémenter son avancée, d'une petite fontaine, d'un vase rempli d'eau et de fleurs fraîches, ou d'un bel objet qui dissimulera son ouverture.

4) Le cristal

En Feng Shui, les cristaux ronds à facettes, servent à réguler le flot du Ch'i. Ils ralentissent et dispersent le Ch'i quand il se déplace en trombe, ou le stimule quand il lambine et se met à stagner. Suspendu devant une fenêtre, un cristal attira le Ch'i extérieur et le fera circuler dans toute la pièce. Fixé au-dessus de la dernière marche d'un escalier, il fragmentera le Ch'i qui dévale du niveau supérieur pour le faire circuler tranquillement dans le hall d'entrée. Du fait de leur petite taille, ils servent souvent de remèdes dans les endroits exigus, comme un étroit corridor ou un minuscule vestibule, par exemple. Mais malgré leur petitesse, ces délicates boules de cristal, orchestrent le Ch'i avec maestria, et sont assez puissantes pour intensifier n'importe quel secteur du Bagua ou pour remédier à un défaut d'architecture.

Le cristal de forme ronde, sculptée de multiples facettes, est classique dans la pratique du Feng Shui. La taille du cristal à utiliser, dépend de la taille de la pièce dans laquelle il sera placé. Il ne faut pas qu'il soit trop gros car cela comporterait des risques, puisqu'il est souvent suspendu au-dessus des endroits passants. Un cristal de la taille d'une pièce d'un franc suffit dans la plupart des cas. Un cristal peut être façonné de forme variée, en octogone, en cœur, en larme, et lorsqu'on en dispose plusieurs devant une fenêtre, la lumière joue à travers celle-ci, en produisant un arc-en-ciel qui introduit les cinq couleurs des éléments dans la pièce. Le Ch'i s'en trouve toujours revigoré.

5) Les instruments sonores

Les objets qui émettent un son mélodieux, servent à « appeler » le Ch'i, et à attirer de nouvelles opportunités, suivant le secteur dans lequel ils sont placés. Carillons zéphyriens, clochettes, sculptures métalliques qui dansent dans la brise, instruments de musique, etc., tous ces objets doivent plaire à la vue, mais aussi résonner mélodieusement. Avant de faire l'emplette d'un objet sonore, n'hésitez pas à le faire tinter pour savoir si le son n'est pas discordant.

Les instruments de musique servent aussi à « harmoniser » le Ch'i d'un secteur « discordant ». Dans la pratique du Feng Shui, les flûtes en bambou sont l'instrument classique, car elles permettent d'orienter le Ch'i et de le tonifier. La musique fortifie le Ch'i ou l'adoucit selon sa caractéristique. Dans un bureau ou une maison, un fond sonore musical harmonieux, ou des sons pris dans la nature, près d'un rivage, au cœur d'une forêt, atténuera le stress ambiant. Comme la musique régénère le Ch'i, elle permet d'intensifier les secteurs du Bagua. Pour « Amour et mariage », une musique pleine d'émotion, pour « Créativité et enfants » tonique et pleine d'allant, pour « Éducation et connaissances » classique et sereine, par exemple.

6) Les choses vivantes

Dans cette catégorie, sont incluses toutes les choses qui nécessitent une attention régulière, les plantes, les fleurs, les animaux domestiques.

Les plantes en bonne santé, les fleurs fraîches, sont une source importante de Ch'i. En Feng Shui, elles permettent d'intensifier, avec grand succès, n'importe quel secteur du Bagua. Les plantes qui fleurissent ou les fleurs coupées, peuvent être choisies pour leurs couleurs, en fonction du secteur dans lequel elles seront placées. De même que les pots ou les vases qui les contiennent. Par exemple, une violette africaine dans un cache-pot en céramique bleu enrichira le secteur « Richesses et prospérité », des œillets de poètes carmin, mettront le Ch'i du secteur « Prestige et renommée » en valeur, un cyclamen blanc dans un panier de la même couleur, ne manquera pas de fortifier le Ch'i du secteur « Créativité et enfants ».

Lorsque vous faites l'emplette de nouvelles plantes, choisissez celles au feuillage gracieux, comme la plupart des palmiers, les ficus. Et évitez celles qui ont des feuilles pointues qui « attaquent » tous ceux qui oublient de s'en méfier. Ne placez jamais ce genre de plantes dans un secteur du Bagua que vous désirez intensifier, ni de cactus non plus, à moins que vous ne leur prêtiez une attention sentimentale spéciale qui s'accorde avec le secteur dans lequel ils sont placés. Que les plantes nécessitent un éclairage approprié, va évidemment de soi.

Les plantes et les fleurs artificielles sont parfois la seule option possible, et peuvent se substituer aux vraies, avec succès, à condition qu'elles paraissent « fraîches et vivantes ». Quelles soient vraies ou fausses, les fleurs et les plantes doivent être entretenues, car sinon elles épuisent le Ch'i qui les environne. Ce dernier aspect est très important. Dès qu'un bouquet de fleurs donne des signes de fatigue, il doit être changé. Les plantes qui ont mauvaise mine, qui sont infestées d'insectes doivent disparaître, et à plus forte raison, celles qui sont mortes. Se servir d'une section du Bagua comme hôpital à plantes n'est certainement pas recommandé !

A l'extérieur, les arbres et parterres de fleurs peuvent être plantés en fonction d'un secteur du Bagua qui demande une certaine attention. Par exemple, un bel arbre peut être planté pour symboliser l'angle d'une maison à la forme irrégulière, ce qui complétera son Bagua. Il est recommandé de planter des fleurs tout autour, afin de fortifier le

Ch'i plus avant. Les plantes qui fleurissent, ainsi que les parterres de fleurs, peuvent être choisis pour leur couleur.

Des roses grimpantes roses, des impatiens rouges, mettront en valeur le secteur « Amour et Mariage », le secteur « Santé et Famille ». Suivez les couleurs du Bagua, pour « peindre » un magnifique jardin qui vous comblera de bien des façons.

Le monde végétal, symbolisant l'élément Bois, permet de rétablir l'équilibre dans un environnement dominé par l'élément Terre, comme le sont souvent nos maisons, carrées, avec des fenêtres, des portes, des meubles, rectangulaires ou carrés.

Les animaux domestiques, tout comme les gens et les plantes, ont besoin de soins attentifs. Même vieillissants, ils produisent un Ch'i très bénéfique pour l'endroit ou ils résident. Cependant, lorsqu'on n'en prend pas soin, il épuisent le Ch'i environnant qui fini par se tarir. Il faut s'assurer que tous les animaux partageant notre vie, qu'il s'agisse des poissons dans l'aquarium du bureau, des souris blanches des enfants, ou des chatons nouvellement acquis, que tout ce petit monde reçoive les soins qui conviennent. Un simple récipient, rempli de graines, posé sur le rebord d'une fenêtre, est un moyen simple de faire ami-ami avec les oiseaux du voisinage, et de produire un Ch'i qui rappelle la nature sauvage dans un environnement urbain.

Qu'ils soient sauvages ou apprivoisés, les animaux sont associés à l'élément Feu.

7) Les objets naturels

Ces objets se ramassent dans la nature et ne font pas l'objet de soins particuliers. Galets, pommes de pin, bois flotté, coquillages, de même que les fleurs séchées, les pots-pourris et l'encens. Lorsqu'ils sont imprégnés d'une signification spéciale, ces objets fortifient considérablement le Ch'i du secteur dans lequel ils sont placés. Un beau coquillage trouvé lors d'un voyage en amoureux, servira d'accent parfait pour intensifier un secteur « Amour et mariage ». Une pomme de pin, ramassée lors d'un séminaire de travail, et placée dans un secteur « Occupations », symbolisera une carrière pleine d'opportunités de réussite. Des morceaux de roches de couleurs claires et variées, aviveront le Ch'i d'un secteur « Créativité et enfants ».

À l'extérieur, une rocaille, un tas de bois bien assemblé, ou n'importe quelle autre composition de choses, laissées dans leur état naturel, peuvent être incorporés dans un secteur du Bagua afin de l'intensifier. Choisis pour leurs formes, leurs tailles ou leurs caractéristiques élémentaires, les arrangements d'objets laissés dans leur état naturel, sont considérés comme un art dans les pays asiatiques. Pour avoir emmagasiné d'importantes quantités d'énergie naturelle, ces objets insufflent une grande vigueur aux secteurs dans lesquels ils sont situés.

8) L'eau

À l'intérieur comme à l'extérieur, l'eau vive stimule et fait circuler le Ch'i. Les fontaines, les chutes d'eau émettent des bruits délicieux, qui nous rafraîchissent, tout en créant une ambiance propice au Ch'i. Bien entendu, tous les bruits d'eau ne se ressemblent pas, et peuvent parfois nous porter sur les nerfs. Il nous revient donc de savoir doser leur effet.

En Feng Shui, l'eau est directement associée au flot d'argent. Placées à l'intérieur d'une maison ou d'un lieux de travail, les fontaines et les petites chutes d'eau sont de formidables fabriques à Ch'i, d'autant plus efficaces quand elles sont mises dans le secteur « Occupations » ou « Richesses et prospérité » de l'endroit. Agrémentées tout autour de plantes, de roches naturelles et autres objets de charme, ces installations n'en seront que plus profitables au Ch'i.

La mise en place de n'importe quel genre d'équipement faisant surgir de l'eau, servira de moyen efficace pour « compléter » un bâtiment dont la forme est irrégulière. Placé de façon à « remplir » la partie qui correspond au mur, s'il se trouvait là, la structure se trouve ainsi symboliquement achevée, et la circulation du Ch'i se fait sans obstacle. Il est essentiel que l'arrangement ait suffisamment de substance, et que les proportions, entre l'édifice et l'installation, soient gardées.

Les baignades à oiseaux, les urnes, les pièces d'eau, sont des options qui s'appliquent mieux dans certains cas, et qui, à condition que l'eau reste toujours fraîche, produisent également un Ch'i très enrichissant.

9) Les objets qui dansent dans la brise

Qu'il s'agisse de véritables œuvres d'art, ou de simples objets colorés, mobiles, bannières, drapeaux, manches à air, etc., tous ces objets ravivent le Ch'i et lui permettent de garder toute sa vigueur.

À l'intérieur, ces objets légers peuvent servir à « remplir le ciel » des pièces au plafond trop haut. Une bannière pourpre suspendue dans le secteur « Richesses et prospérité », accrochera le regard, tout en rappelant sa raison d'être, un aimant puissant, fait pour attirer les richesses et l'abondance. Les mobiles varient grandement en taille, de même que par les choses qui s'y balancent. Un mobile fait d'ornements en cristal, et disposé dans un secteur « Créativité et enfants » améliorera symboliquement l'expression de notre créativité ; inspiration et nouvelles idées surgiront librement. Un léger mobile, orné d'accessoires en bois, pourra être placé dans un secteur « Santé et famille ». Un autre, adoré de figures d'anges au tranquille balancement, niché dans le secteur « Bienveillance et voyages », rappellera les circonstances heureuses qui enrichissent déjà notre vie, toutes ces coïncidences qui la simplifient, de même que toutes celles à venir.

À l'extérieur, ces objets qui dansent dans la brise en attirant notre attention, appellent le Ch'i et le font circuler. Un drapeau perché en haut d'un poteau planté au coin d'un bâtiment de forme irrégulière, le complétera harmonieusement. Le drapeau exposé se devra de représenter quelque chose d'important à votre vue, vos couleurs, l'emblème de votre pays, un intérêt particulier, ou un logo.

10) Les objets d'art

Les objets d'art, qu'ils soient uniques en leur genre, ou facilement accessibles, ont un impact puissant sur nous, peu importe leur attribution : tableaux, sculptures, collages, textiles, etc. En règle générale, qu'il s'agisse d'intensifier un secteur du Bagua, ou d'améliorer la qualité du Ch'i qui circule dans tous les coins de nos lieux de vie, nous devons choisir d'agrémenter nos murs, nos guéridons et autres dessus de meubles, avec des choses qui nous inspirent de façon agréable. Les objets qui suggèrent l'amour seront mieux placées dans le secteur « Amour et mariage », une marine trouvera le mieux sa place dans le secteur « Occupations », un charmant paysage sera idéal dans le secteur « Santé et famille », un objet représentant un soleil, ne sera nulle part ailleurs aussi à l'aise que dans un secteur « Prestige et renommée », et ainsi de suite.

Quand vous choisissez un objet en vue d'intensifier un secteur du Bagua, sélectionnez quelque chose qui symbolise vraiment ce que vous désirez obtenir. Il faut que vous puissiez clairement le distinguer parmi la masse de choses qui vous entoure. Si vous partagez vos lieux de vie avec d'autres personnes, assurez-vous que l'objet en question ne leur arrache pas la vue ! Les objets qui évoquent la violence, la laideur, la tristesse, ne sont pas de mise pour intensifier un secteur du Bagua. Jetez un regard appuyé sur tout ce qui orne actuellement un secteur qui correspond à un aspect de votre vie que vous désirez améliorer, et voyez si tout ce qui s'y trouve, symbolise bien vos espoirs. Si ce n'est pas le cas, défaites-vous en.

Dans la pratique du Feng Shui, il vaut mieux ne rien avoir du tout, plutôt que quelque chose qui ne corresponde pas à ce qu'on recherche dans la vie. Un couple a découvert qu'il avait orné le mur du secteur « Amour et mariage » d'un tableau dépeignant une femme seule à l'allure morose. L'épouse se plaignait amèrement de passer son temps, toute seule, à attendre un mari très pris par son travail.

À l'extérieur, les lourds objets d'art stabilisent le Ch'i du secteur dans lesquels ils sont situés. Bien évidement, plus ils auront de la présence et de la substance, plus ils agiront puissamment. Pour cela, Il suffit de voir la statue de la Liberté à New-York, accueillant les visiteurs du monde entier !

Créer ses propres objets d'art est une façon formidable de cultiver un Ch'i enrichissant. Un collage fait à partir de photos d'amis, ou d'images représentant certains aspects de la vie, tels qu'on aimerait les vivre, santé, travail, argent, enfants, etc. constituent de puissants symboles qui viendront enrichir votre vie. Peindre, dessiner, tisser, ou sculpter un idéal de vie produit des résultats souvent extraordinaires.

Les symboles spirituels ou religieux auxquels vous accordez une signification particulière, revitalisent le Ch'i dans le secteur qui les contient. Attribués aux anges, aux saints, aux grands prophètes, aux dieux et déesses, ces représentations contribuent au développement spirituel recherché. De même que les livres religieux, tels que la Bible, le Coran ou les Upanishads ou encore les formes symboliques bien distinctes, telles que la croix, l'étoile de David, ou le sri yantra. Les secteurs « Bienveillance et voyages » et « Éducation et connaissances » sont directement reliés à l'assistance et au développement spirituel et religieux, par conséquent, tout indiqués pour y placer ces symboles.

Regardez tout moment comme sacré.
Donnez à chacun clarté et signification,
à chacun le poids de votre conscience.

Thomas Mann

9

LES CÉLÉBRATIONS DU BAGUA

Nos jours sont ponctués de célébrations qui servent à marquer des événements importants dans l'existence, tels que le baptême, la confirmation, la bar mitzvah, le mariage ou les anniversaires. Dès l'instant qu'on considère son habitation comme une entité animée de vie, il va de soi qu'on a envie de la fêter, elle aussi, de temps à autre. Les cérémonies habituelles sont bien connues : pendaison de crémaillère, ruban rouge coupé, bouteille de champagne qui vole en éclat contre la coque d'un navire.

Dans la pratique du Feng Shui, il y a des célébrations plus particulières qui prennent le Bagua pour toile de fond. Ces cérémonies sont plus justement des bénédictions, dont l'objectif sert à protéger un endroit avec ses occupants, ainsi qu'à sceller leurs souhaits, qu'ils s'apparentent à la santé, à l'amour, au bonheur ou à l'argent. Il n'y a pas de moments plus solennels que d'autres pour bénir une maison, ou un secteur du Bagua. Le bon moment, c'est quand le besoin s'en fait ressentir. En principe, ce genre de cérémonie rapproche les gens qui occupent un même lieu, car elle leur permet de mieux comprendre ce qui anime leurs proches, quels sont leurs rêves et leurs souhaits. Les couples auront l'opportunité d'entendre tout fort, ce que leur partenaire retient souvent silencieusement. En entendant les prières et les espérances formulées tout haut, peut-être pour la première fois, ils en seront vraisemblablement très touchés.

Une cérémonie de bénédiction du Bagua peut fort bien s'effectuer sur un lieux de travail, où ainsi, chaque participant pourra découvrir, combien uniques, complémentaires ou surprenants, sont les désirs et les souhaits de leurs collègues, moments souvent intensément émotifs.

Les Cérémonies de bénédiction dans les maisons

Ces cérémonies peuvent s'effectuer quand on vit seul, à deux, en famille, entre amis, ou entre collègues. Pour bénir un intérieur, qu'il soit d'habitation ou de travail, il faut se procurer neuf bougies, en les disposant, une à une, sur un support approprié, bougeoir ou autre. Le choix des bougies est le vôtre, elles peuvent être blanches ou en accord avec les couleurs des différents secteurs du Bagua. Avant de commencer la cérémonie, vous pouvez placer une bougie dans chacun des secteurs du Bagua, ainsi qu'au centre de l'édifice, ou les disposer, au fur et à mesure de votre progression, à travers la maison.

La cérémonie débute par le secteur « Santé et famille ». Tenez-vous debout ou assis, et relaxez-vous du mieux que vous pouvez. Allumez la bougie tout en vous concentrant sur vos aspirations et désirs dans le domaine de votre santé et de votre famille. Dès que vous savez exactement ce que vous désirez, formulez vos souhaits tout haut, même si vous êtes seul. Lorsqu'il y a plusieurs personnes, il faut laisser le temps, à chacun, d'exprimer clairement ce qu'il désire. S'il y a des participants qui n'occupent pas les lieux habituellement, qu'ils joignent, à leur tour, leurs bons vœux pour les occupants de l'endroit.

Après avoir complété ce premier secteur, la cérémonie se poursuit par le secteur « Richesses et prospérité », c'est-à-dire, qu'elle avance dans le sens des aiguilles d'une montre. La bénédiction s'effectue de la même manière que pour le secteur précédent, mais cette fois, en se concentrant sur les aspirations d'argent et d'abondance matérielle. Puis vous ferez ainsi tout le tour du Bagua, « Prestige et renommée », « Amour et mariage », « Créativité et enfants » « Bienveillance et voyages », « Occupations », et « Éducation et connaissances ». Dans chaque secteur, prenez tout le temps qu'il vous faut pour allumer la bougie, contempler vos désirs, et les formuler tout haut.

Lorsque vous aurez traversé les huit secteurs du Bagua, dirigez-vous vers le centre de l'édifice pour y compléter la cérémonie. Allumez la dernière bougie, passez silencieusement en revue tout ce qui vient d'être formulé, et sentez le Ch'i se rassembler autour de vous. Il est très important de percevoir une forme d'union avec la maison, de la ressentir comme un être vivant, dont la raison d'être est de vous servir et de vous protéger complètement, maintenant et pour l'avenir. Quand vous vous sentez prêts, concluez la cérémonie par une prière finale qui peut résumer tout ce qui vient d'être dit, ou se terminer par un simple « Merci », « Amen » ou « Ainsi soit-il ».

Les Cérémonies de bénédiction autour des maisons

Il est aussi possible de bénir le périmètre extérieur d'un bâtiment. Classiquement, c'est du riz qui était offert. Cependant, le riz s'étant avéré nocif pour les oiseaux, ce sont des graines que j'utilise maintenant, puisqu'elles symbolisent aussi toutes les promesses d'une vie nouvelle. N'importe quelle sorte de graine fera l'affaire. Comme pour les cérémonies qui se déroulent à l'intérieur, pour celles qui s'effectuent dehors, vous pouvez être seul, ou accompagné par les gens qui partagent les lieux, ou par des amis qui uniront leurs bons vœux aux vôtres.

La préparation requiert le remplissage d'un petit récipient de graines, un par participant. Personnellement, j'aime utiliser des enveloppes rouges que l'on trouve chez les commerçants chinois, parce qu'elles symbolisent la célébration de la vie. Vous pouvez même créer vos propres contenants, ce qui n'en sera que mieux. Il vous faudra également une bougie que vous placerez au centre de l'édifice, avant de commencer la cérémonie. À moins que vous ne préfériez qu'un des participants la transporte avec lui, tout au long de la cérémonie.

La progression extérieure suivra le même chemin que précédemment, mais cette fois, les secteurs seront contournés plutôt que d'être traversés. La cérémonie débute en se tenant à une petite distance de la maison (entre un mètre cinquante et trois mètres) et ce, devant la partie qui contient le secteur « Santé et famille ». En y faisant face, prenez le temps de vous concentrer sur vos désirs et vos espoirs concernant ce domaine de votre vie. Lorsque vous vous sentez prêts, formulez tout haut vos aspirations profondes. À leur tour, les autres participants sont alors conviés à exprimer leurs souhaits personnels ou à exprimer leur vœux d'accomplissement pour les vôtres.

Puis chaque participant prend quelques graines qu'il projette contre le mur de la maison. Ce geste symbolique scelle tous les vœux qui viennent d'être formulés pour une vie belle et nouvelle. La progression, comme précédemment, s'effectue en suivant les aiguilles d'une montre. C'est ainsi que l'on marquera un arrêt devant le secteur « Richesses et prospérité » en affirmant, à voix haute, les souhaits d'argent et d'abondance, formulés tout d'abord silencieusement, et qui seront également scellés, symboliquement, par le jet de graines contre la maison. Puis viendront, à leur tour, les secteurs « Prestige et renommée », « Amour et mariage », « Créativité et enfants » « Bienveillance et voyages », « Occupations », et « Éducation et connaissances ».

La consécration d'une maison, ou d'un lieu de travail, devrait être abordée comme une manifestation sacrée, servant à unir, littéralement et symboliquement, un espace de vie avec ses occupants. C'est l'instant idéal pour contempler combien cette structure, vivante et dynamique, sert déjà ses bons offices, et d'y sceller le bonheur, la chance et la prospérité, pour nos proches, comme pour nous-mêmes.

Après avoir fait le tour de l'édifice en bénissant les huit secteurs, il est temps de pénétrer dans le bâtiment pour se rendre en son centre. C'est là que se termine la cérémonie en allumant la bougie, et en passant silencieusement en revue tout ce qui vient d'être dit. Puis, de manière similaire à la précédente consécration, la cérémonie se termine par une prière de remerciement qui peut se formuler par un tout simple « Merci ».

Ces bénédictions peuvent venir célébrer n'importe quel genre de renouveau dans la vie, une nouvelle maison, la naissance d'un enfant, un mariage, ou un changement de travail. Dans ces moments, il est utile de nouer ou de renouer les liens qui nous unissent à notre environnement, puisque son réel dessein est de nous soutenir fermement dans notre traversée de la vie. Dans les périodes difficiles, une cérémonie peut s'avérer d'un réconfort immense. Les trésors de la vie, représentés par le Bagua, sont tous reliés et en fortifiant l'un, nous fortifions tous les autres.

▼▼▼

10

RESPECTER LES LIMITES

Comme de l'air que nous respirons, nous avons besoin d'un jardin secret qui n'appartienne qu'à nous. Je n'ai jamais connu personne qui soit content de retrouver son bureau, librement réorganisé par un autre, ou qui supporte longtemps qu'on le regarde fixement. L'éducation que nous avons reçue nous dicte comment nous comporter, agréablement, avec les autres. Cependant, elle n'est pas forcément plaisante pour ceux qui viennent d'une autre culture. Par exemple, en Occident, nous n'aimons pas que les gens se collent à nous pour nous parler, ce qui est pourtant de bon ton dans les pays du Moyen-Orient. Nous avons besoin d'air, de ce que nous nommons, notre espace vital. À l'inverse, la façon bien particulière que nous avons de regarder les gens dans les yeux, quand nous leur parlons, peut s'avérer très dérangeant pour ceux qui sont de culture asiatique.

Le degré d'intimité qui nous est nécessaire varie grandement d'une personne à l'autre. Certains adorent qu'on les embrasse, qu'on les enlace, alors que d'autres fuient la moindre marque de familiarité. Lorsque nous vivons à plusieurs, généralement en couple, nous devons prendre en considération le goût de ceux qui partagent notre vie. Ce qui est loin d'être toujours aisé, particulièrement quand nous avons envie de changement et que l'autre s'y refuse. En principe, ce problème ouvre le feu des hostilités.

Les histoires suivantes relatent des faits qui vous paraîtront peut-être bien familiers.

UNE PERMISSION À DEMANDER

Nancy vivait, avec son mari Sid, dans un château à la mode de nos jours. Aucune dépense n'avait été épargnée pour faire de cet endroit gigantesque, un palais ultramoderne. Nancy avait entendu parler du Feng Shui dans une soirée, où on lui avait aussi donné mes coordonnées. C'était tout au début de ma carrière en ce domaine, et jamais, il ne me serait venu à l'esprit de lui demander, si son mari était d'accord pour qu'on introduise le Feng Shui chez lui.

Par une chaude matinée d'été, je me suis retrouvée devant l'imposant portail de la propriété, qui était très sérieusement gardée. Alors que j'attendais la fin des formalités pour pouvoir entrer, j'avais tout loisir d'observer la majestueuse chute d'eau qui dévalait à grand fracas, du côté de la route. Bien que le spectacle fusse grandiose pour les passants, je m'étonnais qu'on puisse vouloir en priver la maison. Le Ch'i qui aurait pu se mouvoir de façon bénéfique à travers toute la propriété, se trouvait ainsi furieusement projeté à l'extérieur.

Nancy m'attendait sur le perron. Elle a poussé la pesante porte d'entrée qui ne mesurait pas loin de cinq mètres de haut. Devant moi, se trouvait un large vestibule, se prolongeant par un immense hall de réception, qui menait encore plus loin, dans les profondeurs de la forteresse. Le sol en marbre et les murs froids m'ont immédiatement saisie, et c'est en frissonnant que j'ai regretté d'être si peu couverte.

J'ai suivi mon guide à travers des pièces spectaculaires de grandeur. Nancy se désolait de si peu les utiliser, car me confia-t-elle, son mari et elle ne vivaient que dans la cuisine, la petite bibliothèque et leur chambre à coucher. « Voyez cette pièce, par exemple » dit-elle « personne ne s'y assoit, même lorsque nous recevons des gens. »

Nous nous tenions sur le seuil d'un spacieux salon. Tout le mobilier était fait de matières plus ou moins blanches, avec, par endroits, d'imposantes sculptures en métal, posées sur des socles blancs. Deux longs canapés servaient d'assise, et chacun était déjà occupé par vingt-deux coussins, disposés en rangs d'oignons, bien serrés. « Il y a déjà quarante-huit « personnes » installées là, Nancy » ai-je commenté. « et qui prennent toute la place. ». « Je n'ai jamais vu les choses de cette manière ! » s'est-elle exclamée.

« En outre, cette pièce est entièrement composée de choses qui appartiennent à l'élément Métal, » ai-je ajouté. « Il est temps d'introduire des couleurs et des formes, appartenant aux autres éléments, tout particulièrement à l'élément Feu. »

Nous avons fait disparaître quarante coussins, car les huit qui restaient suffisaient amplement. Nancy est allée chercher de grosses bougies rouges, qu'elle a disposées sur la table à café dans de jolis bougeoirs. La pièce commençait à revivre. Nancy s'est prise au jeu, et a complété l'ensemble avec des choses personnelles pleines de couleurs, qu'elle a non seulement placées sur la table, mais également, sur les étagères des murs. Les cinq éléments présents, l'atmosphère de la pièce était devenue chaude et plaisante.

« Maintenant, j'ai enfin envie d'être là ! » s'est-elle écriée.

Six heures plus tard, nous avions fait de nombreux changements, et noté tous ceux qui s'imposaient encore à travers la maison. Nous en sommes restées là, en prenant rendez-vous pour une session ultérieure qui devait introduire le Bagua.

Le soir, quand Sid est rentré dans son château, il a immédiatement remarqué les changements que nous y avions apportés. Peu importe où son regard se portait, les choses étaient différentes.

« Non, mais que s'est-il passé par ici ? » a-t-il demandé, en jetant un regard mauvais à travers la cuisine.

« Oh ! j'ai simplement engagé les services d'une experte en Feng Shui. Elle est venue aujourd'hui, et nous avons fait quelques petites transformations. »

« Un quoi ? Mais t'as perdu la tête ? ! je n'ai pas dépensé des fortunes à payer un décorateur pour que tu t'amuses à tout changer. Tu vas me faire le plaisir de tout remettre en place, et tu as intérêt à bien te souvenir comment les choses étaient mises. Dépêche-toi ! » Sid est sorti de la cuisine en claquant la porte. Nancy pouvait encore l'entendre jurer en traversant les pièces, rendu fou de rage par les transformations que nous avions osé faire.

Maintenant, c'était à mon tour d'être sur la sellette. Comment avais-je pu oublier de la prévenir ? je peux dire que mon passage n'aurait pas servi à améliorer leur mariage ! Sid continuait à faire claquer les portes et à exprimer rageusement son profond mécontentement. Naturellement, une seconde session était hors de question. Voilà qu'il faudrait des jours et des jours, avant qu'elle parvienne à calmer son mari. Comment avais-je osé causer un tel problème dans sa vie ?

Inutile de vous dire que j'ai compris ma leçon. Imposer le Feng Shui dans l'environnement de quelqu'un qui n'a pas donné son accord, revient à examiner son corps, sans son consentement. Déambuler dans une maison, changer son décor sans la permission des principaux occupants, peut être ressenti, par certains, comme un véritable viol. Maintenant, quand on m'appelle pour une consultation, je demande toujours si tout le monde est d'accord. À partir de douze ans, je considère que les enfants doivent aussi donner leur consentement. Lorsque je suis en consultation, je fais des suggestions sur la meilleure façon d'arranger les pièces, mais je laisse le soin aux gens d'effectuer, eux-mêmes, les changements. C'est-à-dire, quand ils en auront envie, et de la manière qui leur plaira.

▼▼▼

Le Grand Chasseur Blanc

Quand Steve est rentré du Kenya, il était tout fier de dérouler la peau de zèbre qu'il avait achetée là-bas, pour l'exhiber devant sa femme, qui a retenu un haut-le-cœur en la voyant. Sandy en était malade. Ce trophée était la chose la plus répugnante qu'elle ait jamais vue ! Quant à Steve, il n'avait jamais rien vu de plus beau, et comptait bien l'accrocher au mur, derrière le canapé du salon, afin que tout le monde en profite. Il est tombé des nues en contemplant le dégoût de sa femme. Une discussion enflammée s'est poursuivie pour décider de l'endroit où placer la peau de bête. Sandy la voulait hors de la maison. Non, Steve la voulait là, bien en vue, car elle lui rappelait son merveilleux périple en Afrique. Puis la discussion à tourné court. Steve ne lâchait pourtant pas son idée. Certain qu'elle finirait par s'y habituer, il a choisi un moment où Sandy était au travail, pour, enfin, suspendre la dépouille tant aimée, derrière le canapé. Manque de chance, en découvrant le geste infâme de son mari, Sandy s'est précipitée, en larmes, sur son téléphone pour m'appeler.

Certaine que le Ch'i d'un animal mort trônant dans son salon ne pouvait qu'appeler le malheur, elle était effondrée. Je lui proposais de passer les voir pour que nous en discutions. En arrivant en voiture, je pouvais déjà voir, par la fenêtre du salon, la peau de zèbre fièrement suspendue derrière le canapé. Cela ne faisait aucun doute, tout le voisinage devait déjà savoir que Steve était allé se promener en Afrique.

Dans un couple, respecter les limites du territoire de l'autre, n'est pas chose facile à accomplir. Dans ce cas, l'un revenait d'un voyage extraordinaire, en possession d'un trésor inestimable, qu'il désirait exhiber avec orgueil, tandis que l'autre, entendait bien tout mettre en œuvre pour l'en empêcher. Nous avions deux personnes, très en colère, qui se sentaient tout à fait violées et incomprises. Alors, quelle est la solution ?

Dans la mesure du possible, nous divisons pour mieux conquérir. En d'autres mots, à chacun son territoire. Qu'il soit grand ou petit, en aucun cas, la ligne de démarcation ne sera franchie par l'opposant, à moins d'y être dûment invité. Ces terres conquises seront aménagées par l'occupant, dans le style qui lui convient le mieux, sans aucune interférence de la part de nul autre.

Comme la maison était suffisamment grande, Steve et Sandy ont pu choisir chacun une chambre, pour en faire leur domaine personnel exclusif. En fait, Steve possédait déjà une pièce à lui, son bureau. Mais Sandy s'y sentait comme chez elle. Elle allait et venait à sa guise, changeant un objet par ci, déplaçant un meuble par là, sans se demander une seconde, si Steve appréciait tous ces bouleversements. Parlons-en justement ! Et d'expliquer que, pas plus tard que tout dernièrement, il avait été très ennuyé quand Sandy lui ait changé la lampe de son bureau, contre une autre, au drôle de style, sous prétexte que la sienne irait mieux dans le salon.

Sandy avait toujours considéré toute la maison comme la sienne, par conséquent, il ne lui serait jamais venu à l'esprit de s'approprier une pièce pour elle toute seule.

Maintenant, elle s'apercevait qu'elle n'avait pas un coin véritablement à elle, pour écrire une lettre tranquillement, pour s'activer à des projets personnels, bref, un endroit où elle puisse faire ce qui lui plaît sans avoir quelqu'un derrière son dos. Elle s'est décidée pour la chambre d'amis, qu'elle voyait déjà transformée en un boudoir qu'elle pourrait décorer sa guise. Vraiment content, Steve voyait déjà disparaître toutes les fanfreluches qui étaient éparpillées à travers la maison. La tristesse de Sandy se dissipait à vue d'œil dans l'excitation des transformations à venir.

Nous sommes allés dans le bureau de Steve qui occupait le secteur « Prestige et renommée » de la maison. Sa table de travail était poussée contre un mur, avec la chaise tournant le dos à la porte. Il n'avait jamais pensé à arranger le mobilier autrement.

Il était enchanté par l'idée, qu'en bougeant son bureau, il pourrait avoir sa peau de zèbre, accrochée au mur derrière lui. De plus, les photos prises au Kenya, dés qu'elles seraient encadrées, viendraient superbement compléter l'arrangement rêvé. Tout était parfait, d'autant plus que le secteur « Prestige et renommée » s'accentue, entre autres, par des choses reliées au monde animal. Sandy promit de ne plus se mêler de la décoration du bureau de son mari, à condition qu'il ne se moque pas des babioles et des dentelles, qui orneraient son abri personnel.

Je les ai laissés, elle, la grande dame victorienne, et lui, le grand chasseur blanc, ravis et soulagés d'avoir enfin trouvé un terrain d'entente, et d'avoir signé leur traité de paix.

Comment faire respecter les limites d'un territoire

Que vous soyez marié, parent, associé, que vous partagiez une maison ou votre bureau avec d'autres gens, vous devez définir clairement votre territoire. C'est un besoin de base que nous avons tous. Lorsque nos limites ne sont pas bien définies, l'invasion est proche, avec tous les ressentiments qu'elle génère. Décidez d'un endroit bien à vous, et incitez les autres à en faire tout autant.

Dès l'âge de deux ans, les enfants commencent déjà à réclamer leur domaine. S'ils partagent leur chambre avec des frères ou des sœurs, aidez-les à marquer leurs espaces personnels. Jouets, équipement sportifs, animaux en peluches, occuperont l'endroit choisi qui sera dûment respecté par les autres. Cependant, pour que ce concept fonctionne, il faut que toute la famille accepte de jouer le jeu sérieusement. Les enfants apprendront ainsi, très jeunes, que Papa et Maman ont aussi besoin d'un coin tranquille, où ils peuvent se retrouver sans qu'on les dérange.

À l'adolescence, les enfants n'ont pas besoin qu'on leur propose un espace personnel, ils se l'approprient d'eux-mêmes. Au moment où les enfants franchissent le cap de la puberté, la sérénité, relative s'entend, qui régnait dans une maison, se trouve souvent catapultée aux oubliettes. Leurs domaines personnels ressemblent à un champ de bataille qui ne plaît pas forcément aux parents. Pourtant, le désordre qui règne dans une chambre d'adolescent est un chaos actif, si l'on peut dire, qui change en même temps qu'eux, ce qui est souvent le cas. Il vaut mieux fermer la porte de leur chambre, l'oublier pendant quelques années, et laisser le chaos suivre son cours. Cependant, comme dans le cas d'Angie, cité précédemment, il est parfois nécessaire d'intervenir, mais tout en douceur, comme de bien entendu !

Un périple de mille lieux commence à partir de l'endroit où vos pieds sont posés.

Lao tseu

11

LE FENG SHUI EN VOYAGE

Il y a quelque temps, à un moment où j'avais déjà commencé à écrire ce livre, mon mari Brian et moi, avons décidé de louer un chalet dans une petite ville de montagne, pour y célébrer son anniversaire. Nous nous réjouissions fort de cet intermède, qui devait nous permettre de nous reposer. Nous avons fait les réservations, en nous fiant uniquement aux conseils d'un ami, et sommes rapidement partis, sans avoir la moindre idée de ce qui nous attendait.

Bien qu'agréable à l'intérieur, le chalet se trouvait malencontreusement placé au bord d'une route à grande circulation. Loin de nous douter d'une situation pareille, nous tombions des nues, en voyant disparaître nos rêves de paix et de tranquillité. Tous les autres logements étaient joliment nichés parmi les grands arbres, mais ils étaient déjà occupés. Nous avons décidé de faire, contre mauvaise fortune, bon cœur, et d'arranger l'endroit du mieux possible. Nous avons déplacé le lit en le poussant dans le fond de la pièce, allumé des bougies, fait des bouquets de fleurs fraîches pour les disséminer autour de la chambre, et mis une douce musique d'ambiance. Tout ceci contribua grandement à adoucir les bruits d'enfer émis par cette « rivière de Ch'i déchaîné » qu'était la route. Malgré tout, les fenêtres devaient restées fermées, ce qui nous privait, certes, des bruits de la route, mais aussi des fraîches senteurs de pins.

Cette fâcheuse expérience m'a incitée à ajouter un chapitre à ce livre : le Feng Shui en voyage. Je vous suggère d'en suivre les conseils, chaque fois que vous ferez des réservations, pour vous rendre dans un endroit encore inconnu.

Tout d'abord, décidez quel est le genre d'environnement qui vous plaît le mieux. Préférez-vous les endroits reculés et tranquilles, à ceux plein d'activités, ou peut-être les deux à la fois ? Soyez précis ! Cherchez à savoir où se trouvent les grands axes routiers, les magasins, les églises, le centre-ville. Dans les hôtels, il est important de se tenir éloigné des restaurants, des bars, des machines à glace et à boissons, des arrivées d'ascenseurs, et j'en oublie, car ce sont des endroits bruyants, souvent désagréables. Ensuite, demandez une description détaillée des lieux. Quelles sont les couleurs prédominantes ? Vous n'aurez peut-être pas envie de passer tout un week-end, dans une pièce décorée d'un vert pomme, souligné de brun rouille. Mis à part les questions relativement normales, comme de demander la taille du lit, s'il y a la télé dans les chambres, une vidéo, une radio, en supplément, demandez s'il y a une porte qui sépare la chambre de la salle de bains, est-ce que les fenêtres s'ouvrent ? Et, n'auriez-vous pas une photo à m'envoyer ? Choisissez avec autant de soin, les endroits où vous passez vos nuits, que les habits que vous portez, ou les plats que vous commandez dans un restaurant.

Que vous organisiez un séjour d'une semaine à la montagne dans un chalet rustique, un mois dans une somptueuse villa de la côte, ou une nuit dans un hôtel, prenez la peine de poser toutes ces questions, qui vous éviteront bien des déboires à l'arrivée. Quand je tombe sur des préposés à la réception qui me répondent sans rechigner, j'ai remarqué qu'ils préparent aussi mon arrivée de façon plaisante, et que je découvre souvent un endroit plein de bon Feng Shui.

La trousse de voyage du Feng Shui

Il n'est pas toujours possible de tomber sur la chambre parfaite. En voyage d'affaires, la réservation peut avoir été faite par quelqu'un d'autre, ou la langue du pays peut faire barrière. Peu importe la raison, il vaut toujours mieux avoir avec soi, la trousse de voyage du Feng Shui. Cette trousse contient des objets légers qui ne prennent pas de place. Par exemple, celle qui m'accompagne en voyage est une petite pochette à bijoux, qui contient quatre cristaux ronds à facettes, suspendus au bout d'un fil, quatre petits anges en papier cartonné, quatre petites bougies dans leurs propres contenants en aluminium, ainsi que de l'encens pour purifier l'air, pin ou bois de santal. Ces objets tout simples, ravivent le Ch'i dans une pièce, qui passe de sinistre à vivante et agréable, en un rien de temps. Bien entendu, la trousse contient également tout le nécessaire pour la mise en place de ces objets : épingles à nourrices, trombones, punaises, ficelle, et allumettes. J'emporte toujours aussi, un grand foulard, multicolore, qui reflète les cinq éléments. Et voilà, je suis prête à m'installer à peu près n'importe où.

L'arrangement de ces objets diffère selon la pièce qui m'est attribuée. Le plus souvent, je me base sur le Bagua de l'endroit, en prenant la porte d'entrée comme point de départ. J'accroche un cristal devant la fenêtre, ou les fenêtres quand il y en à plusieurs, ensuite, je dispose les bougies et mes petits anges dans les secteur Santé, Richesses, et Amour. Si la pièce manque d'air, qu'elle semble « morte », alors, j'accroche aussi un cristal au milieu du plafond de la chambre, ou de la salle de bains. Parfois, j'organise « mon coin de beauté », c'est-à-dire que sur une table, je dispose mon foulard multicolore, pour faire apparaître les cinq éléments, l'encens, les bougies, les anges, un récipient ou un verre rempli d'eau, et des fleurs fraîches ou des branchettes d'arbre, quand c'est possible.

Meubles à emporter

Je suis bien connue pour toujours vouloir réarranger mes « maisons loin de la maison ». Si le mobilier n'est pas cloué au sol, alors, c'est de bonne guerre ! Je trouve que de déplacer au moins un meuble, réveille et revitalise le Ch'i, dans une pièce, où probablement, rien n'a changé depuis des lustres. Imaginez de quelle manière vous arrangeriez la pièce, si vous deviez y vivre, et n'hésitez à pousser les meubles, selon vos désirs !

Quand la télévision n'est pas prise dans un meuble, j'aime bien la recouvrir d'une étoffe, d'un foulard, ou d'une serviette de bain, pour la « coucher », si j'ose dire, quand je m'apprête à dormir. La raison, en est que je ne supporte pas l'idée d'avoir un gros œil morne qui passe sa nuit, le regard rivé sur moi.

Dans les chambres que vous occupez lors de vos déplacements, faites l'impossible pour vous sentir tout à fait chez vous. Vous travaillerez mieux, vous serez mieux reposé, et plein d'allant pour vous amuser, tout en préservant l'intégrité de votre Ch'i vital.

Il suffit de vous faire confiance, pour savoir comment vivre.

Goethe

12

Sommaire – Découvrez Votre Paradis

Le Feng Shui fait découvrir une toute nouvelle manière de voir, d'entendre, et de prendre connaissance de l'environnement. Quand vous saurez comment « voir » le Ch'i qui circule à travers un espace, « entendre » ce qu'il vous dit, et que vous aurez appris comment l'améliorer et le maintenir dans son bon équilibre, alors votre « œil Feng Shui » sera grand ouvert, et vous posséderez tout le nécessaire pour créer votre Éden personnel.

Un endroit où vous n'êtes plus entourés que par ce que vous aimez, qu'il s'agisse de l'éclairage, des objets décoratifs, des meubles, des couleurs, des motifs, des choses qui viennent de la nature, des accents architecturaux. C'est un endroit où le Ch'i vital circule harmonieusement à travers chaque pièce, favorisant votre demeure, dédiée maintenant à votre protection et à votre réconfort en tout domaine. C'est un endroit chaleureux où tous les soucis de la journée fondent comme par enchantement. C'est un endroit qui vous « parle » dans un langage mélodieux et joyeux. C'est votre havre de paix.

Le Feng Shui vous permet aussi de réarranger votre lieu de travail, de sorte qu'il vous propulse vers le succès. Vous pouvez en faire un endroit de pouvoir souverain, où le placement des meubles vous permet de donner le meilleur de vous-même, plein d'énergie et d'ambition. C'est un endroit où votre bureau est comme une console de jeu, déjà prête à vous faire gagner. C'est un endroit rempli d'images et d'objets qui vous aident dans la tâche que vous vous êtes assignée, qui stimulent votre créativité, en somme, qui vous maintient dans vos objectifs, sur la voie que vous vous êtes tracée. Là où des opportunités bénéfiques, telles que promotions, invitations, rendez-vous, et autres formes d'avancement, sont votre lot quotidien. C'est un endroit où votre vitalité, votre influence, votre force et charisme sont en constante amélioration, et puissamment maintenus par la vivace circulation du Ch'i. C'est un lieu de puissance considérable, le vôtre.

Puisqu'il n'y a pas deux lieux, deux personnes, deux jours, ou deux moments parfaitement identiques, la gageure n'est pas seulement de mettre un environnement idéal en scène, mais de le maintenir tel quel. Il faut se souvenir que l'environnement reflète toujours la vie des gens qui l'occupent. Ainsi plus active sera la vie, plus dynamiques seront les lieux d'habitation. Ce qui revient à dire que les ajustements de Feng Shui dans une maison, doivent être revus et corrigés de temps à autre pour en maintenir toute la fraîcheur et parfois même les refaire à neuf. Votre regard doit rester éveillé à la danse continue qui s'effectue tout autour de vous.

Même quand un ajustement consolide fermement un aspect de votre vie, comme l'installation, dans le secteur « Richesses et prospérité », d'une fontaine, joliment agrémentée d'objets et de plantes tout autour, il faut continuer à examiner régulièrement cette « source d'abondance ». Servez-vous de votre « œil Feng Shui » pour la raffiner, la parfaire, en vue d'en maintenir toute sa puissance, et de faire de cette composition spéciale, une parfaite réflexion des changements qui s'opèrent dans votre vie. Avec le temps qui passe, ainsi, vous changerez la couleur des fleurs, ajouterez un nouvel éclairage, un banc, une sculpture, voire transformerez l'arrangement au complet. En vous fiant à votre créativité, vos compositions se succéderont avec bonheur, tout en renforçant et bonifiant le Ch'i qui circule tout autour.

Aucune solution n'est éternelle. En revanche, ce qui ne cesse jamais, c'est l'union que vous formez avec votre environnement, dans une danse étroite, qui peut se faire tendre et caressante, en vous absorbant dans le bonheur.

À vos meilleurs souhaits !

Nous façonnons un récipient avec une motte d'argile ; c'est l'espace vide à l'intérieur qui le rend utile.

Nous posons des portes et des fenêtres à une maison ; c'est l'espace vide qui la rend habitable.

Ainsi, tandis que le tangible offre certains avantages, c'est l'intangible qui le rend utile.

Lao Tseu

L'Auteur

Terah Kathryn Collins est conseillère-experte en Feng Shui, sujet qu'elle enseigne également, et qui la fait voyager à travers les États-Unis pour donner des conférences. Elle réside à San Diego, en Californie. Elle a fait ses classes auprès du docteur Richard Tan, expert en Feng Shui et acupuncteur bien connu à San Diego, de même qu'auprès de Louis Audet, géologue et spécialiste du Feng Shui, résidant à Los Angeles, et sous la protection de Maître Lin Yun, une autorité en Feng Shui, et fondateur du temple Lin Yun à Berkeley, en Californie.

Possédant une formation en communication et en médecine douce (diplômée en neurolinguistique et en thérapeutique de polarité,) elle supprime efficacement le fossé qui sépare les mystérieuses pratiques orientales, de la pensée pragmatique occidentale.

Terah offre ses services dans les lieux résidentiels et commerciaux, et peut être contactée à l'adresse suivante :

Terah Kathryn Collins
437 South Highway, 101, Suite 752
Solana Beach, CA 92075
ETATS UNIS
Tel : 619 793-0945

NOTES

Les Éditions Vivez Soleil

Beaucoup de gens croient que la maladie survient par hasard et que la santé consiste surtout à vivre comme un ascète en se privant des plaisirs de la vie !

Au fil des livres et cassettes des Éditions Vivez Soleil une autre vision émerge. Oui, il est possible de sortir de l'ignorance, de la peur et de la maladie sans se priver ni se marginaliser. Oui, la santé, ça s'apprend !

Par une démarche personnelle d'information et d'expériences agréables et intéressantes, chacun peut sortir de la prison des habitudes et trouver l'équilibre du corps, du cœur, de la tête et de l'âme qui mène vers le bien-être, l'enthousiasme, la créativité et le bonheur.

À travers leurs collections SANTÉ, DÉVELOPPEMENT PERSONNEL et COMMUNICATION SPIRITUELLE, les Éditions Vivez Soleil présentent les moyens les plus efficaces pour gérer sa vie et sa santé avec succès. Elles montrent la complémentarité de toutes les écoles de pensée et œuvrent pour une société plus harmonieuse, plus agréable à vivre, où la compétition est remplacée par la collaboration, le stress par l'humour et l'amour du pouvoir par le pouvoir de l'amour.

Demandez le Catalogue Gratuit

L'ATHLÈTE INTÉRIEUR
ISBN 2-88058-172-9
Dan Millmann
Prix FF 138/FS 32
Collection Développement personnel
Référence LS 487
Format 16 X 24 broché
256 pages
Il y a en chacun de nous un athlète naturel qui ne demande qu'à naître
Ce livre vous montrera comment améliorer vos aptitudes, accélérer votre apprentissage et libérer votre potentiel en transformant l'entraînement en une voie de croissance personnelle et de découverte de soi.
Pour Dan Millman, il s'agit de développer l'équilibre nécessaire c'est-à-dire d'intégrer le physique, le mental et l'émotionnel. Ces trois éléments réunis sont le gage de la qualité de la performance.
Que vous soyez un sportif de niveau international, un sportif du dimanche ou un fanatique de la forme, les principes, techniques et exercices présentés dans ce livre vous offriront une approche moins stressante et plus sensée des mouvements qui associent l'entraînement à la vie quotidienne.
Dan Millman est un ancien champion du monde de trampoline. Gymnaste consacré, entraîneur et professeur à l'université, ses écrits ont inspiré des millions de lecteurs.

LE DICTIONNAIRE DES RÊVES
ISBN 2-88058-188-5
Betty Bethards
Prix 140 FF/36 FS
Collection Développement personnel avec techniques
Référence LS 500
Format 16 X 24 Broché
320 pages
Que signifie rêver d'être poursuivi chaque nuit par un monstre ? Faut-il s'inquiéter si l'on rencontre la mort en rêve ? Ou ressentir de la gêne si on fait un rêve érotique ?
Vous rêvez chaque nuit, même si vous ne vous souvenez pas de vos rêves. Les rêves constituent un moyen formidable de se découvrir, car ils vous donnent la lucidité, la guidance et l'inspiration nécessaires à cette découverte. Tous les rêves - y compris les cauchemars - recèlent des messages positifs. Il vous suffit d'apprendre à déchiffrer le symbolisme onirique pour comprendre ce que vos rêves essaient de vous transmettre.
Cette nouvelle édition augmentée comprend les interprétations de plus de 1650 symboles oniriques, ainsi que des explications sur les rêves récurrents, sur les rêves violents, les rêves prémonitoires, les rêves de serpents, de chute, les rêves érotiques, d'argent, de mort, d'envol et d'autres encore. En outre, vous apprendrez à vous souvenir plus clairement de vos rêves et à découvrir les manières de les utiliser pour résoudre les problèmes de la vie réelle. Si vous ne prêtez pas attention à vos rêves, vous passerez à côté d'un tiers de votre vie !
Betty Bethards, célèbre médium et mystique, pratique également la guérison spirituelle et enseigne la méditation.

OUI A LA FEMME
ISBN 2-88058-195-8
Louise L. Hay
Prix 130 FF/33 FS
Collection Développement personnel
Référence LS 505
Format 16 X 24
Ce livre s'adresse aux femmes.

A l'approche du troisième millénaire, beaucoup de gens parlent des changements qui vont se produire sur terre.
Louise Hay, dans un livre très inspiré et très intuitif, nous révèle que les changements primordiaux que nous verrons lors de ces décennies à venir concerneront les mentalités : ce seront des changements intérieurs.
Elle appelle notre attention sur le fait que lorsque nous, les femmes, nous voudrons bien modifier nos conceptions personnelles, nous pourrons connaître une vie bien plus vaste et plus enrichissante.

Le but de Louise Hay est que les femmes, toutes les femmes, sachent s'aimer et se respecter, soient conscientes de leur valeur et occupent une place importante dans la société. Dans le style direct et chaleureux qui est le sien (elle est l'auteur de nombreux best-sellers), elle nous montre avec une grande finesse et une connaissance approfondie de la psychologie féminine comment chaque femme, quels que soient son âge ou sa condition sociale, peut atteindre cet objectif et faire de l'avenir des années plus satisfaisantes, plus riches, plus fécondes que ce qu'il n'est à ce jour.

LES 10 SECRETS DE LA SANTÉ
ISBN 2-88058-179-6
Adam J. Jackson
Prix 98 FF/27 FS
Collection Développement personnel
Référence LS 494
Format 13,5 X 20,5
Votre santé ne relève pas du destin ou de la chance, car c'est vous qui la créez ou la détruisez. Nous avons tous le pouvoir de venir à bout d'une maladie et de jouir non seulement d'une bonne santé, mais aussi d'une santé florissante. Tel est le message édifiant de ce remarquable livre.
Il existe des lois universelles qui régissent tous les phénomènes naturels et toutes les manifestations de la vie, des lois dont font partie les secrets de la santé. Ces principes venus de la nuit des temps et révélés pour la première fois par des sages et des prophètes, sont respectés et suivis encore aujourd'hui par des médecins et des praticiens de la santé partout dans le monde. On nous relate ici l'histoire d'un jeune homme atteint d'une maladie incurable qui, guidé par un vieux chinois mystérieux, entame un remarquable parcours pour découvrir ces secrets.
Cette parabole moderne sur la sagesse et la santé - unique, enrichissante et inspirée - délivre un message porteur d'espoir qui vous servira de guide tout au long de votre vie.

LES 10 SECRETS DE L'AMOUR
ISBN 2-88058-197-4
Adam J. Jackson
Prix 98 FF/27 FS
Collection Développement personnel
Référence LS 495
Format 13,5 X 20,5
Nous désirons tous ardemment connaître l'amour et des relations de tendresse, peut-être plus que toute autre chose. Comment se fait-il, dès lors, que tant de gens traversent leur vie dans la solitude, en cherchant, en espérant l'amour, mais en le trouvant rarement ? Si l'amour est vraiment ce que nous désirons le plus, comment se fait-il que les divorces et les foyers brisés atteignent des chiffres records ? Pourquoi tant de mères ou de pères célibataires doivent-ils se battre en élevant seuls leur famille ? Pour quelles raisons, dans nos villes surpeuplées, y a-t-il tant de gens accablés de solitude ? Se pourrait-il que, dans notre quête de l'amour, nous nous trompions de direction ?
Contrairement à une croyance largement répandue, l'amour n'est pas le fruit du destin ou de la chance ; l'amour est quelque chose que nous créons... et nous avons tous le pouvoir de le créer. Nous avons tous le pouvoir d'aimer et d'être aimés, nous avons

tous la capacité de créer des relations de tendresse. Peu importe notre situation présente – célibataire et seul, ou prisonnier d'une relation stérile et malheureuse – la vie peut changer et nous avons le pouvoir de la changer.
Écrit comme une parabole, le message est ici délivré clairement : ce livre peut vous aider à trouver l'amour dont nous rêvons tous.

LES 10 SECRETS DU BONHEUR
ISBN 2-88058-178-8
Adam J. Jackson
Prix 98 FF/27 FS
Collection Développement personnel
Référence LS 493
Format 13,5 X 20,5
Le bonheur n'est pas déterminé par les circonstances de la vie, car vous seul pouvez le créer. Chacun de nous peut non seulement connaître le bonheur, mais encore le bonheur infini. C'est là le message lumineux de ce remarquable livre.
Il existe des lois universelles qui régissent tous les phénomènes naturels et toutes les manifestations de la vie, des lois dont font partie les secrets du bonheur infini. Ces principes venus de la nuit des temps et révélés pour la première fois par des sages et des prophètes, sont respectés et suivis encore aujourd'hui par des psychologues partout dans le monde. On nous relate ici l'histoire d'un jeune homme en plein désarroi qui, guidé par un vieux chinois mystérieux, entame un remarquable parcours pour découvrir ces secrets.
Cette parabole moderne sur la sagesse et le bonheur nous apprend simplement à trouver et créer le bonheur tant recherché ; il nous dit que nous possédons déjà les outils nécessaires mais que nous ne savons pas les utiliser.
Apprenez à diriger les pouvoirs de votre esprit, de votre corps et trouver le bonheur que vous recherchez.

LES 10 SECRETS DE LA PROSPÉRITÉ
ISBN 2-88058-198-2
Adam J. Jackson
Prix 98 FF/27 FS
Collection Développement personnel
Référence LS 496
Format 13,5 X 20,5
La chance n'a rien à voir avec le fait de devenir riche. Vos possibilités financières n'ont aucune importance, vous seul avez le pouvoir de créer votre richesse. Dans *Les 10 secrets de la prospérité*, vous découvrirez les qualités essentielles que toutes les personnes riches ont en commun et comment vous pouvez apprendre à développer ces qualités et ainsi créer la prospérité que vous voulez.
Comme l'histoire de ce jeune homme au bord de la faillite personnelle le démontre, si nous nous autorisons à grandir, à interroger et à oser un voyage vers l'inconnu, nous pouvons atteindre les buts que nous voulions et que nous méritons. Vous découvrirez vite que rien n'est au-delà de vos possibilités.

L'ORACLE DES DRUIDES
ISBN 2-88058-206-7
Stéphanie et Philip Carr-Gomm
Prix 250 FF/65 FS
Hors collection
Référence LS 506
Coffret comprenant
– 33 cartes représentant les animaux sacrés
– un tapis de divination pour tirer les cartes
– un livre illustré de 176 pages
– la symbolique et les légendes attachées aux animaux sacrés

Bénéficiez de la puissante et antique sagesse des druides.
Vous tenez entre vos mains une puissante fontaine de sagesse, celle du monde animal qui jaillit du fond des âges à la source vive de la tradition celtique. Tout comme les Indiens d'Amérique, les druides vénéraient les animaux qu'ils considéraient comme des guides, des gardiens et des protecteurs sacrés.
Aujourd'hui, le livre et le superbe jeu de cartes de *L'Oracle des Druides*, par la connaissance intuitive à laquelle ils vous donnent accès, peuvent vous apporter force et guérison. En effet, grâce à l'interprétation des cartes que vous tirerez, enrichie des légendes millénaires attachées aux animaux sacrés qui vous sont communiquées dans le livre, vous aurez une vue pénétrante de la situation dans laquelle vous vous trouvez et recevrez des conseils positifs et pertinents pour votre avenir.
Les auteurs, Philip et Stéphanie Carr-Gomm, vivent en Angleterre où ils étudient tous les aspects de la tradition druidique.

ENTREZ DANS LA MAGIE
UN PIED DANS CHAQUE MONDE
ISBN 2-88058-186-9
Gill Edwards
Collection Développement personnel + techniques
Référence LS 499
Format 16 X 24 broché
Un pied dans chaque monde, signifie marcher avec le pied droit fermement ancré dans la réalité concrète du quotidien, pendant que le pied gauche sillonne le monde enchanté par delà l'espace-temps du chaman, du mystique, du métaphysicien et du visionnaire. En fondant ces deux mondes en un seul, nous commençons à nous guérir des divisions immémoriales séparant la matière et l'esprit, la terre et le ciel, le masculin et le féminin. Quand l'Esprit nous accompagne dans la vie quotidienne – quand nous marchons en posant un pied dans les deux mondes – nous avons non seulement le pouvoir de changer notre vie, mais aussi celui de guérir notre planète.
Si les concepts présentés sont nouveaux pour vous, la plus grande partie de ce livre se lira comme de la science fiction. En effet, il remet en question si radicalement la validité des hypothèses basées sur notre « bon sens », qu'il pourrait vous paraître absolument fou !
Mais pourquoi ne pas essayer quelques uns des exercices pour voir si vous menez une vie plus joyeuse, plus aimante, plus créative, plus intéressante, plus épanouie lorsque vous entrez dans la magie. Découvrez si cela marche pour vous.
Entrez dans la magie aborde le quotidien d'une façon éminemment pratique. L'ouvrage propose tout un ensemble de techniques applicables à toutes sortes de situations et basées sur la connaissance de la façon dont nous créons notre réalité. C'est un livre conçu pour être pratiqué et pas simplement pour être lu. Afin de changer votre vie, il faut l'appliquer, l'expérimenter, le vivre.
Ce livre est bien plus qu'un ensemble d'idées curieuses accompagnées d'exercices destinés à meubler le vide d'un ou deux dimanches. C'est une façon de vivre – chaque jour, tous les jours. Ce choix peut transformer votre quotidien. C'est le choix de grandir dans l'amour et dans la joie plutôt que dans la peur et dans la lutte. C'est le choix de créer un paradis sur terre, au niveau personnel et global. C'est le choix d'actualiser notre potentiel illimité.
Puissiez vous réaliser tous vos rêves et marcher en vous rappelant qui vous êtes.

GUIDE PRATIQUE DE L'INTUITION
ISBN 2-88058-264-4
Laura Day
Introduction de Demi Moore
Prix 130 FF/33 FS
Collection Développement personnel + techniques
Référence LS 519
Format 16 X 24

Intuition. Pressentiment. Sixième sens. Quelle que soit la manière dont vous l'appelez, vous vous en servez chaque jour. Quelle que soit la décision à prendre – quelle sorte de tapis acheter pour le salon, quels vêtements mettre pour une réunion importante, quel accord financier à monter pour le travail – la décision finale provient en partie du côté intuitif de notre esprit.

Laura Day a enseigné à des managers, des analystes financiers, des stars et des docteurs comment se servir consciemment de notre sixième sens caché.

Au contraire de beaucoup de spécialistes qui vous disent que vous devez être né avec un sixième sens, Laura Day nous prouve que toute personne, avec un peu de pratique, peut devenir consciemment intuitive et user de son sixième sens.

Dans son guide pratique de l'intuition, elle nous montre comment ses étudiants ont appliqué ses techniques pour découvrir les incroyables pouvoirs de leurs esprits. Désormais, ils se servent de ces techniques pour s'aider à prendre les décisions nécessaires dans la vie quotidienne et vous pourrez bientôt en faire autant.

Avec Laura comme professeur, apprenez :
– A suivre vos pressentiments et contrôler vos passions ;
– A prendre de meilleures décisions ;
– A deviner les autres et mieux les comprendre ;
– A prédire les bonnes stratégies ;
– A être mieux informé sur votre santé ;
– A savoir choisir l'âme sœur ;
– A comprendre ce que vous souhaitez réellement...

L'ALCHIMIE DE LA PRIÈRE
ISBN 2-88058-271-7
Terry Lynn Taylor
Prix 130 FF/33 FS
Collection Développement Personnel
Référence LS 526

Nous prions chaque jour d'une façon ou d'une autre. Nous réclamons de Dieu ce dont nous avons besoin dans nos vies, le remercions pour les bienfaits octroyés et souvent prions pour les autres. Quand nous sommes au diapason avec Dieu, nous trouvons un sens et un but à l'existence, qui illuminent jusqu'au plus infime choix d'actions à faire et nous permettent de répondre à nos défis de façon créative. Nous sommes dès lors sur un chemin de croissance spirituelle.

Dans *L'alchimie de la prière*, Terry Lynn Taylor offre une vision originale et rafraîchissante de maints aspects de la prière. Elle nous aide à :
– faire de la prière la base de notre vie quotidienne,
– découvrir notre propre manière de prier,
– maintenir une relation personnelle avec Dieu,
– devenir conscient de l'importance de la gratitude,
– créer la sérénité au milieu du rythme effréné de la vie moderne,
– pratiquer la bienveillance.

Terry Lynn Taylor est un auteur de réputation mondiale (*Les messagers de lumière* notamment) qui étudie les lois spirituelles et plus particulièrement l'angéologie. *L'alchimie de la prière* reflète en substance sa compréhension de ce que les anges veulent nous faire connaître à propos de la prière et de ses pouvoirs de transformation.

Achevé d'imprimer
sur les presses de la
SNI Jacques et Demontrond
25220 ZI Thise / Besançon
en septembre 1998

Imprimé en France